[Wissen für die Praxis]

AF872091

Weiterführend empfehlen wir:

Das gesamte Behinderten- und Rehabilitationsrecht
ISBN 978-3-8029-5348-4

Schwerbehindertenausweis erfolgreich beantragen
ISBN 978-3-8029-4175-7

Finanzielle Hilfen für Menschen mit Behinderung
ISBN 978-3-8029-4175-7

Das gesamte Sozialgesetzbuch SGB I bis SGB XIV
ISBN 978-3-8029-5060-5

Wir freuen uns über Ihr Interesse an diesem Buch. Gerne stellen wir Ihnen zusätzliche Informationen zu diesem Programmsegment zur Verfügung.

Bitte sprechen Sie uns an:

E-Mail: WALHALLA@WALHALLA.de
https://www.WALHALLA.de

Walhalla Fachverlag · Haus an der Eisernen Brücke · 93042 Regensburg
Telefon 0941 5684-0 · Telefax 0941 5684-111

WALHALLA

Urs Peter Janetz

SBV Schwerbehinderten-vertretung

Eine Einführung für Vertrauenspersonen und deren Stellvertretung

3., aktualisierte Auflage

Bibliografische Information der Deutschen Nationalbibliothek
Die Deutsche Nationalbibliothek verzeichnet diese Publikation in der Deutschen Nationalbibliografie; detaillierte bibliografische Daten sind im Internet über www.dnb.de abrufbar.

Zitiervorschlag:
Janetz, U., SBV – Schwerbehindertenvertretung,
3. Auflage

Walhalla
Mediengruppe

WALHALLA – eine Marke der Walhalla Mediengruppe

© Walhalla u. Praetoria Verlag GmbH & Co. KG, Regensburg
3. Auflage
Rechtsstand: 1. Juli 2026

Alle Rechte vorbehalten inklusive des Rechts auf Reproduktion im Ganzen oder in Teilen und in jeglicher Form des Nachdrucks von Auszügen, der fotomechanischen Wiedergabe und der Übersetzung. Untersagt ist die automatisierte Analyse zum Informationsgewinn (Data Mining) sowie die Nutzung zum Training eines Systems für maschinelles Lernen oder künstliche Intelligenz.

Kontakt bei Fragen zur Produktsicherheit:
Walhalla u. Praetoria Verlag GmbH & Co. KG, Haus an der Eisernen Brücke, 93042 Regensburg, E-Mail: produktsicherheit@walhalla.de, Telefon: 0941 5684-0

Produktion: Walhalla Mediengruppe, Regensburg
Umschlaggestaltung: grubergrafik, Augsburg
Printed in Germany
ISBN 978-3-8029-1653-3

Zur Walhalla Mediengruppe gehören die Marken WALHALLA, Deichmann+Fuchs, metropolitan und Annual Multimedia Award.

Schnellübersicht

Gesamtübersicht

1. Warum Sie dieses Buch unbedingt lesen sollten!

1

1. Warum Sie dieses Buch unbedingt lesen sollten!

1.1 Lernen Sie mit dem Buch schwimmen!

Die Erfahrung zeigt, dass Menschen häufig so ihre Probleme mit dem „Recht“ haben. Besonders eklatant tritt das immer dann ans Licht, wenn das „Recht“ einem selbst einmal nicht Recht gibt. Dann ist es – logisch – ungerecht.

Verstärkt wird dieses Unwohlsein mit Recht und Gesetz dann, wenn Sie sich schlagartig in einem Ehrenamt wiederfinden, in dem man von Ihnen erwartet, dass sie – quasi gottgegeben – das Recht anwenden und verstehen können. Ach ja, beraten sollen Sie natürlich auch noch.

In dieser Lage befinden sich viele Mitarbeitervertreter – selbstredend auch die Schwerbehindertenvertretung (SBV). Hinzu kommt, dass Sie als Vertrauensperson nicht den Rückhalt durch ein Gremium haben, wie die bei Betriebs- oder Personalrat der Fall ist. Oft stehen Sie allein auf weiter Flur.

Als Vertrauensperson oder Stellvertreter müssen Sie in der Realität zudem häufig damit kämpfen, dass Sie – im Gegensatz zum Betriebs- oder Personalrat – bei den Mitarbeitern relativ unbekannt sind. Gelegentlich sogar ungeliebt. Denn mit „Ihrer“ Thematik will sich niemand auseinandersetzen. Außer es ist schon zu spät.

Wenn Sie sich an die Materie „Schwerbehindertenvertretung“ herantrauen, landen Sie schnell bei der üblichen Fachliteratur: Kommentare zum Sozialgesetzbuch, juristische Abhandlungen vom Umfang einer Brockhaus-Gesamtausgabe, Sammlungen von Gerichtsentscheidungen, juristische Lehrbücher.

Geschrieben von Juristen für Juristen. Spannend wie eine Verfilmung des Telefonbuchs von Berlin. Lebendig wie eine ägyptische Mumie. Noch dazu in der uns Juristen eigentümlichen Sprache, die „Normalmensch“ ohnehin nicht verstehen kann – und soll.

Oder Sie landen bei wissenschaftlich anerkannten Medien wie der „Bild“-Zeitung, dem „Goldenen Blatt“ oder der „Hörzu“, die meist irgendwo den einen oder anderen Mini-Artikel zum Thema Recht abdrucken. Der freilich den Informationsgehalt eines Päckchens Kaugummi enthält.

Zudem sind Sie meist auf sich alleine gestellt, werden ins kalte Wasser geworfen. An dieser Stelle setzt dieses Buch an. Es will Ihnen helfen, Schwimmen zu lernen.

Dieses Buch

- soll Ihnen einen ersten Einstieg in die Materie verschaffen,
- ist nicht für Juristen geschrieben,
- verzichtet bewusst auf wissenschaftliche Formatierung,
- erhebt den Anspruch, juristisch korrekt zu sein und
- soll vor allem eines: Spaß machen und Lust auf „SBV".

Sie kommen schnell in die Materie, kurz(-weilig) und informativ. Dieses Buch macht Sie sensibel für die Knackpunkte und Stolpersteine.

Bewusst verzichtet wird darauf, ein wissenschaftliches Standardwerk zu schaffen.

Die Themen werden angesprochen, aber nicht bis ins kleinste Detail ausgeführt. Tiefgreifende Literaturverweise etc. werden Sie von daher nicht finden. Dieses Werk stellt ja keine Doktorarbeit dar!

Wichtig: Verweise auf Rechtsprechung und Literatur werden bewusst knappgehalten. Zum einen beschränke ich mich auf Literatur, welche für Sie auch greifbar sein sollte. Zum anderen finden Sie Hinweise auf Kommentare und Gerichtsentscheidungen in der Regel nur dort, wo Sie sich eventuell selbst gelegentlich rechtfertigen müssen.

Wenn Sie in den Stoff tiefer einsteigen möchten oder müssen, bleibt Ihnen in aller Regel nichts anderes übrig, als sich an einen Spezialisten zu wenden.

Doch: Ist es nicht ein befreiendes Gefühl zu wissen, *wann* das notwendig ist?

1.2 Ein Hinweis in eigener Sache

Menscheln – das darf und soll es in diesem Werk. Von daher verzeihen Sie mir bitte den ein oder anderen ironischen Anflug oder die ein oder andere Flapsigkeit.

Ich bin selbst schwerbehindert und weiß, dass einige Leidensgenossen mit einer großen Portion an Selbstmitleid ausgestattet sind. Zudem wird die Thematik „Behinderung" oft bierernst genommen und jeder Witz sofort als „taktlos" angesehen.

Das ist nicht mein Ding. Und viele Teilnehmer in den SBV-Kursen, die ich abgehalten habe, gehen auch mit Humor an die Sache heran. So durfte ich einen Querschnittgelähmten kennen lernen, der von sich immer nur als „der Rolli-Fahrer" sprach und beim Thema Arbeitssicherheit erklärte: „Keine Füße – keine Sicherheitsschuhe!"

Für mich ist das der richtige Weg, mit Behinderung umzugehen. Ganz normal eben. Nicht abgeklärt, abgehoben oder zu ernst. Behinderungen sind in unserer Gesellschaft etwas Alltägliches – und sollten genauso behandelt werden. Und dann ist der ein oder andere Witz durchaus erlaubt.

Die nunmehr vorliegende 3. Auflage dieses Buches berücksichtigt die aktuelle Rechtsprechung und etwaige Gesetzesänderungen, die seit Drucklegung der 2. Auflage im September 2022 verkündet wurden. Zudem wurde der ein oder andere Themenbereich ergänzt, verändert oder hinzugefügt.

In diesem Sinne: Viel Spaß!

Ihr
Urs Peter Janetz, Fachanwalt für Arbeitsrecht

1.3 Warum ist die SBV so wichtig?

Sie haben sich dafür entschieden, das Amt der Vertrauensperson oder des Stellvertreters zu übernehmen.

Dafür zunächst einmal: Respekt!

Egal, ob Sie das Amt aus Überzeugung übernommen haben oder weil Sie nicht schnell genug auf dem Baum waren, als man Sie gefragt hat: Sie engagieren sich. Deshalb haben Sie dieses Buch zur Hand genommen.

Möglicherweise wissen Sie noch gar nicht, worauf Sie sich da eingelassen haben. In vielen Fällen werden SBV-Interessierte mit Sätzen wie „Das ist nicht so viel Arbeit, das schaffst du mit links" in die Irre geführt. Nun, so wenig Arbeit ist das nicht, aber das werden Sie auf den folgenden Seiten selbst entdecken.

Aber es ist unbestreitbar ein spannendes Amt.

Und ein wichtiges!

Denn: (Schwer-)Behinderung geht uns alle an. Auch wenn wir nicht behindert sind, es kann uns schneller treffen als wir das Wort „behindert" sagen können.

Beispiele:

Denken Sie nur an Samuel Koch. Bevor er am 4. Dezember 2010 in der Fernsehshow „Wetten, dass..?" mit seinen Sprungstiefeln über ein fahrendes Auto sprang, war er ein kerngesunder, junger Mann. Binnen weniger Augenblicke war er an den Rollstuhl gefesselt.

Natürlich verdankt nicht jeder Behinderte seine Einschränkung einer derart aufsehenerregenden Situation. Ich kenne einen Rollstuhlfahrer, der einfach nur mal eben mit seinem Motorrad zum TÜV fahren wollte, als ihm ein Auto die Vorfahrt nahm. Oder ein anderer, der im Einsatz in Afghanistan beide Beine durch eine Mine verloren hat. Oder ein Freund von mir: Eben noch ein ganz normaler Student und plötzlich die Diagnose Diabetes Typ I und ein Leben mit täglichen Spritzen.

So kann es auch Ihren Kollegen im Betrieb gehen. Heute noch keinerlei Bezug zum Thema – morgen mittendrin, statt nur dabei.

Und zur gesundheitlichen Thematik kommt zusätzlich der Kampf mit Ämtern, Behörden und ganz normalen Alltäglichkeiten, über die wir uns bisher keinerlei Gedanken gemacht haben.

Gut, wenn es da jemanden gibt, der Unterstützung anbietet: die SBV!

Das Hausarzt-Prinzip

Ich sehe die SBV dabei nicht als „eierlegende Wollmilchsau", die alles selbst erledigen muss. Nein, ich sehe Ihre Aufgabe eher wie die eines guten Hausarztes: Sie helfen, die grundsätzlichen Dinge anzustoßen – und schicken dann weiter zum richtigen Spezialisten!

Ich nenne das „Das Hausarzt-Prinzip".

1

1.4 Und wo liegen übliche (betriebliche) Problematiken?

- Behindert = Leistungsgemindert!
- Behinderte = Ärger!
- Behinderte = Werden immer bevorzugt!
- Behinderung = Dafür muss man sich schämen!

Das sind übliche Aussagen, denen man leider immer wieder begegnet. Und darin liegt auch das Problem. Viele Behinderte fühlen sich so, wie sie hier beschrieben werden. Das führt dazu, dass sie sich nicht trauen, offen mit ihrer Behinderung umzugehen, sich zu „outen". Denn eines ist ebenso klar: Nicht jede Behinderung ist offen erkennbar.

Beispiele:

Mit Diabetes Typ I hat man gelegentlich einen GdB von 50, ist also schwerbehindert. Doch wenn man sich nur ein ganz klein wenig anstrengt, bekommt das niemand mit. Gleiches gilt für eine Brustkrebserkrankung; der Regelfall ist auch hier ein GdB von 50, meist fünf Jahre lang seit Feststellung.

Das kann fatale Auswirkungen haben. Der behinderte Mensch bekommt nicht das, was ihm zusteht und vor allem nicht das, was er möglicherweise braucht.

Beispiel:

Ein Lagerarbeiter hat schwere Arthritis im Schultergelenk. Er kann die Arme eigentlich nicht mehr über Schulterhöhe heben und auch nicht mehr als 10 kg stemmen. Dennoch sagt er nichts, überfordert sich ständig und weist dadurch erhebliche Fehlzeiten auf. Erst im Rahmen eines betrieblichen Eingliederungsmanagements (BEM) kommt die Problematik auf. Er bekommt eine hydraulische Hebehilfe auf Rollen, die er an einer Leine hinter sich herziehen kann (sog. „Hund"). Er überfordert sich nicht mehr und kann normal weiterarbeiten.

Doch auch für den Arbeitgeber kann das „Nicht-darüber-Sprechen" zu Nachteilen führen. Sehen Sie sich das Beispiel unseres Lagerarbeiters an. Vor dem „Outing" hatte der Arbeitgeber hohe Lohnfortzahlungskosten und Probleme in der Arbeitsorganisation. Beides ist jetzt weggefallen.

Zudem kann es – gerade bei Schwerbehinderten/Gleichgestellten sein, dass der Arbeitgeber die sog. Ausgleichsabgabe (vgl. 5.2.3) zahlt, obwohl er seine Beschäftigungsquote erfüllt – es aber nicht weiß.

Auch für Sie als SBV ist die Unkenntnis des Arbeitgebers unglücklich. Denn Sie wissen so auch nicht, für wen Sie zuständig sind. Immerhin ist Ihre Informationsquelle in erster Linie der Arbeitgeber.

Verständnis habe ich insoweit für Schwerbehinderte/Gleichgestellte in den ersten sechs Monaten des Arbeitsverhältnisses. Denn da greift der besondere Kündigungsschutz noch nicht. Danach allerdings verschenken zumindest Schwerbehinderte ihren zusätzlichen Urlaub (§ 208 SGB IX, vgl. 9.5).

Es liegt u. a. an Ihnen als SBV, die Stimmung und Einstellung im Betrieb, die Kultur im Umgang mit Schwerbehinderten/Gleichgestellten zu verbessern.

Denn:

- Behindert = Leistungsgemindert?

  Nein! Natürlich kann eine Behinderung zu Einschränkungen führen. So darf z. B. ein insulinpflichtiger Diabetiker keinen Gefahrguttransport steuern. Aber in seinem Job als Buchhalter muss er keine Abstriche machen.

- Behinderte = Ärger?

  Nein, warum? Oft wird hier der besondere Kündigungsschutz ins Feld geführt. Nun, zum einen kann man auch Schwerbehinderte/Gleichgestellte in der ersten sechs Monaten erproben, ohne dass der Kündigungsschutz greift. Zum anderen stimmen die Integrationsämter in der Regel der Kündigung dann zu, wenn die Gründe nicht mit der Behinderung zusammenhängen. Im Gegenteil: Oft kann man als Arbeitgeber bei der Beschäftigung Schwerbehinderter/Gleichgestellter noch Zuschüsse oder sonstige Unterstützungsleistungen bekommen.

- Behinderte = Werden immer bevorzugt?

  Nein! Es geht nur darum, eine vergleichbare Ausgangsposition mit Nichtbehinderten zu schaffen.

Und wenn ich mich darüber ärgere, dass ich mein Auto nicht auf dem günstig gelegenen Behindertenparkplatz abstellen kann, sollte ich mir klarmachen, dass ich die zusätzlichen 100 Meter problemlos laufen kann – der mit einem Behindertenparkschein ausgestattete Mensch aber nicht!

Tatsächlich steckt darin keine Bevorzugung. Das Gesetz nennt das – richtigerweise – Nachteilsausgleich.

- Behinderung = Dafür muss man sich schämen?

  Warum? Behinderung ist etwas Alltägliches, das jeden jederzeit treffen kann. Warum sich also dafür schämen?!

2. Umgang mit Paragrafen & Co.

2. Umgang mit Paragrafen & Co.

2.1 Recht – Etwas, vor dem man Angst haben muss?

Nein, muss man nicht. Schlagen Sie mal ein Gesetzbuch auf. Sie werden feststellen: Es beißt nicht.

Auch wenn wir es nicht merken: Recht begleitet uns tagtäglich in unserem Leben. Wir schließen unzählige Verträge und merken es meist nicht einmal. Wir kommen unseren Pflichten nach. Wir halten uns an Vorschriften – und verstoßen dagegen. Denken Sie da nur einmal an die Straßenverkehrsordnung. Und seien Sie ehrlich: Dagegen verstoßen wir doch alle beinahe täglich.

Auch als Schwerbehindertenvertretung (kurz: SBV) haben Sie es mit „Recht" zu tun. Und ja, ich muss zugeben, Sie haben sich mit dem Sozialgesetzbuch Neuntes Buch (kurz: SGB IX) nicht gerade das einfachste Gesetz ausgesucht.

Doch wir bekommen das hin. Versprochen.

2.2 Wie sind Gesetze und Paragrafen aufgebaut? Wie zitiere ich richtig?

Damit das Zitieren eines Paragrafen zum einen Respekt hervorruft, zum anderen aber dem Leser ermöglicht, das Zitierte schnell nachlesen zu können, muss man wissen, wie so ein Paragraf aufgebaut ist. Lassen Sie uns das anhand einer Vorschrift demonstrieren, die uns weiter hinten im Buch noch beschäftigen wird, dem § 178 SGB IX:

§ 178 = Paragrafen-Nummer	„**§ 178** Aufgaben der Schwerbehindertenvertretung
(1) = Absatz 1 [1] = Satz 1 [2] = Satz 2	**(1)** [1]Die Schwerbehindertenvertretung fördert die Eingliederung schwerbehinderter Menschen (...) und steht ihnen beratend und helfend zur Seite. [2]Sie erfüllt ihre Aufgaben insbesondere dadurch, dass sie
1. = Nr. 1	**1.** darüber wacht, dass die zugunsten schwerbehinderter Menschen geltenden Gesetze, (...) erfüllt werden,

2. = Nr. 2	**2.** Maßnahmen, die den schwerbehinderten Menschen dienen, insbesondere auch präventive Maßnahmen, bei den zuständigen Stellen beantragt, (...)
^{3} = Satz 3	^{3}Die Schwerbehindertenvertretung unterstützt Beschäftigte auch bei (...)
(2) = Absatz 2	**(2)** Der Arbeitgeber hat (...)."

Wenn wir nun aus diesem Paragrafen richtig zitieren wollen, sollten wir das so genau wie möglich tun.

Beispiel:

Sie haben eine Beschwerde eines Schwerbehinderten bekommen, da dieser – obwohl er das verlangt hatte – nicht von Mehrarbeit freigestellt wurde. Ihr Chef fragt Sie, wo das denn stehen würde, dass Sie als SBV sich mit solch einer Frage beschäftigen sollen. Ihre Antwort:

„§ 178 Absatz 1 Satz 2 Nummer 1 Sozialgesetzbuch 9. Buch"

Ein wenig sperrig? Nun, es geht auch so:

„§ 178 Abs. 1 S. 2 Nr. 1 SGB IX"

Oder noch kürzer mit römischen Zahlen für die Absätze:

„§ 178 I 2 Nr. 1 SGB IX"

Und wenn Sie dann Ihrem Chef auch noch mitteilen wollen, wo das mit der Mehrarbeit steht:

„§§ 178 Abs. 1 S. 2 Nr. 1; 207 SGB IX"

Wenn Sie mehrere Paragrafen hintereinander zitieren wollen, stellen Sie einfach zwei §§ voran (egal wie viele Normen folgen) und fügen Sie hinter jeder Norm einen Strichpunkt ein. Das geht auch gesetzesübergreifend (z. B. §§ 178 Abs. 4 S. 1 SGB IX; 32 BetrVG).

2.3 Der Umgang mit Gesetzen und Kommentaren – wie finde ich, was ich suche?

Eine vernünftige Gesetzessammlung (z. B. Knoop/Huber/Habermayr: Gesetzessammlung für die betriebliche Praxis) gliedert die in ihr enthaltenen Gesetze mit sogenannten „Ordnungsnummern".

So hat das SGB IX in der oben genannten Sammlung die Ordnungsnummer 61. Diese bleibt – egal in welcher Auflage – immer gleich und wird in der Regel in der Kopfzeile angegeben.

So finden Sie leicht in jeder Auflage Ihr Gesetz wieder und sind nicht auf die wechselnden Seitenzahlen angewiesen.

Aber wie finde ich einen Paragrafen?

Was würden Sie im normalen Leben tun?

Richtig: Googeln!

Und die juristische Fachliteratur verfügt über ein „Offline-Google" – genannt „Stichwortverzeichnis".

Hinter jedem Stichwort finden Sie sodann eine **fett** gedruckte Zahl – das ist die Ordnungsnummer des Gesetzes. Daneben eine mager gedruckte Zahl – das ist die Paragrafennummer.

Mit ein wenig Übung werden Sie recht bald zügig ins richtige Gesetz zur richtigen Norm kommen.

Und das Gute ist: Das funktioniert ohne WLAN, sogar ohne Strom. Und Sie landen auch garantiert nicht bei ablenkenden Katzen-Videos oder Shopping-Angeboten.

Und Kommentare?

Ein Kommentar ist so aufgebaut, dass zunächst der Wortlaut des Paragrafen eines Gesetzes vorangestellt wird. Danach finden Sie juristische Erläuterungen zu diesem Paragrafen. Dies ist die Interpretation des Autors inklusive Verweise auf Gerichtsentscheidungen und andere juristische Fachtexte.

Das kann bisweilen über viele Seiten gehen. Damit man unter Umständen nicht hundert oder mehr Seiten lesen muss, um zum eigenen Problem zu kommen, sind die Absätze mit sog. „Randnummern" nummeriert. Das sind die kleinen Zahlen am Seitenrand.

Suchen Sie nun im Stichwortverzeichnis des Kommentars, ist die **fett** gedruckte Zahl hier die Paragrafennummer, die mager gedruckte Zahl die Randnummer. So finden Sie schnell zu Ihrem Absatz.

Sollten Sie mit einer Abkürzung nicht klarkommen: Suchen Sie das Abkürzungsverzeichnis. Das finden Sie am Anfang oder am Ende der Publikation. In diesem Buch finden Sie das Abkürzungsverzeichnis am Ende vor dem Stichwortverzeichnis.

Und was ist mit Künstlicher Intelligenz (KI)?

Noch sind die allgemein zugänglichen KI-Systeme wie z. B. ChatGPT für den juristischen Laien in Rechtsfragen nicht wirklich zu empfehlen. Zwar mag die KI bei der Formulierung eines Textes gelegentlich hilfreich sein, doch leider „halluziniert" die KI recht häufig. Da werden Gerichtsentscheidungen zitiert, die es gar nicht gibt, und Ähnliches. Also setzen Sie lieber auf „NI", also natürliche Intelligenz. Also auf sich selbst.

2.4 Die Juristensprache

Etwas, das man immer wieder hört, ist die Beschwerde über die juristische Sprache, das sog. „Beamtendeutsch".

Ich muss zugeben: So ganz falsch liegen Sie damit nicht. Sehen Sie sich einmal ein paar – vor allem modernere – Gesetze an. Allein der Satzbau. In jedem Schulaufsatz würde sich daneben ein dickes, rotes „A" für Ausdruck finden. Verschachtelte Lindwurmsätze – ein besonderer Liebling in der Juristen-Sprache.

Doch auch knappe, kurze Vorschriften können es in sich haben. Denken Sie nur an Formulierungen wie „erforderlich". Da fragt sich, was genau bedeutet das? Nun, das ist so ähnlich wie bei einem beliebten Kinderspielzeug namens „Slimie", diesem farbigen Schleim in Dosen. Man kann das Zeug zwar irgendwie in die Hand nehmen, nur wirklich greifen oder festhalten kann man es kaum.

Und glauben Sie bitte nicht, dass wir Juristen – egal ob Anwälte, Richter, Staatsanwälte, Unternehmensjuristen oder was für Rechtsverdreher auch immer – sich verständlich ausdrücken würden.

Tun wir natürlich nicht! Wo denken Sie hin! Stellen Sie sich doch bitte einmal vor, Sie – ein vermutlich normaler Mensch – würden alles verstehen, was wir so von uns geben! Hey – wovon sollten wir denn dann bitte leben!?

Wir werden dennoch versuchen, Ihnen die juristische Sprache ein wenig beizubringen. Das ist fast wie mit Französisch oder Suaheli – wir bekommen das sicher ganz leicht hin!

Und dann gibt es da noch: Gender. Die geschlechtsneutrale Sprache.

Ein auch im Sozial- und Arbeitsrecht ausgesprochen wichtiges Thema, hat doch sogar die IG Metall bereits 2008 unter dem Titel „Gendersprache – Tipps für die Öffentlichkeitsarbeit. Texte – Bilder – Veranstaltungen" eine eigene Broschüre zu diesem Thema herausgebracht.

Bei allem Verständnis für das Thema: Formulierungen wie „Kinder und Kinderinnen" oder „Gästinnen und Gäste" wirken dann doch ein wenig befremdlich und auch die, gelegentlich favorisierte, „*"-Schreibweise (z. B. IS-Kämpfer*innen oder Terrorist*innen) wäre für die allgemeine Verständlichkeit im „Behördendeutsch" wohl kaum zuträglich. Zudem stellt sich die Frage, ob derartige Schreibweisen wirklich barrierefrei sind.

Man(n) oder Frau kann zu dem Thema stehen, wie man/frau möchte. Was allerdings unbestreitbar ist: Gegenderte Gesetzestexte sind nur noch unverständlicher!

Und da kommt jetzt die gute Nachricht für Sie (so Sie nicht überzeugter Gender-Fan sind): In aller Regel ist das SGB IX nicht gegendert, oder umgeht zumindest mehrgeschlechtliche Formulierungen gekonnt.

Und dieses Buch erhebt ja den Anspruch, verständlich zu sein. Von daher wird auf Genderschreibweise verzichtet. Ich meine das weder böse noch diskriminierend!

Es fühlen sich also bitte immer Personen allerlei Geschlechts angesprochen.

2.5 Und wie geht man mit diesem Buch um?

Wie Sie dem Inhaltsverzeichnis entnehmen können – falls es Ihre geschätzte Aufmerksamkeit findet – befassen wir uns mit einem Rundumschlag durch das das betriebliche Leben der SBV.

Am schönsten für das Buch ist es, wenn Sie es von Anfang bis Ende durchlesen – etwas, was Sie mit einer Gesetzessammlung übrigens nie tun sollten.

Da fühlen alle Kapitel die gleiche Wertschätzung und sind glücklich.

Aber bitte, Sie haben dieses Werk zur Hand genommen. Also bestimmen Sie, wie Sie verfahren wollen. Vielleicht interessiert Sie ein bestimmtes Kapitel, dann lesen Sie eben dieses. Sie sind da völlig frei.

Ich mache Ihnen da keine Vorschriften. Ich bin schließlich nicht der Gesetzgeber.

3. Das Sozialgesetzbuch

3. Das Sozialgesetzbuch

3.1 Überblick über das Sozialgesetzbuch (SGB)

Das Sozialgesetzbuch (SGB) gliedert sich derzeit in vierzehn Bücher, die mit ihren römischen Zahlen benannt werden.

3 Neben allgemeinen, für alle Bücher geltenden Grundsätzen (SGB I) dem Verwaltungsverfahren (SGB X) sind insbesondere geregelt:

- Arbeitslosengeld (SGB III)
- Grundsicherung für Arbeitslose (ehemals „Hartz IV", ehemals „Bürgergeld" im SGB II)
- gesetzliche Krankenversicherung (SGB V)
- gesetzliche Rentenversicherung (SGB VI)
- gesetzliche Unfallversicherung (SGB VII)
- Kinder- und Jugendhilfe (SGB VIII)
- Rehabilitation und Teilhabe von Menschen mit Behinderungen (SGB IX)
- soziale Pflegeversicherung (SGB XI)
- Sozialhilfe (SGB XII)
- Soziales Entschädigungsrecht (SGB XIV)

Das SGB XIII existiert übrigens nicht. Ursprünglich sollte das jetzige SGB XIV so heißen, doch im Laufe des Gesetzgebungsverfahrens wurde dies geändert. Man entschied sich, direkt auf XIV zu gehen, um den Beiklang der „Unglückszahl 13" zu vermeiden – ähnlich wie es beispielsweise bei fehlenden 13. Stockwerken in manchen Gebäuden der Fall ist.

Uns interessiert in diesem Buch naturgemäß vor allem das SGB IX.

Hinweis: Zum 01.01.2018 trat das Bundesteilhabegesetz in Kraft. Durch dieses in den Medien breit diskutierte Reformgesetz wurde das sog. „Eingliederungshilferecht" in das SGB IX aufgenommen. Das hat dazu geführt, dass das sog. „Schwerbehindertenrecht", in dem u. a. die SBV geregelt ist, um 83 Paragrafen nach hinten gerutscht ist. Inhaltlich hat sich aber durch das Bundesteilhabegesetz im Schwerbehindertenrecht sehr wenig geändert.

Wie verwenden in diesem Buch selbstverständlich die neuen Nummerierungen. Aber sollten Sie über eine ältere Gerichtsentscheidung oder Ähnliches stolpern, wundern Sie sich nicht über die vermeintlich falschen Paragrafen-Nummern. Rechnen Sie einfach 83 dazu, und schon haben Sie die korrekte Nummerierung.

3.2 Wichtige Begriffe im SGB IX

Damit wir uns mit der Arbeit der Schwerbehindertenvertretung (SBV) im Betrieb überhaupt beschäftigen können, brauchen wir zunächst Klarheit über einige grundlegende Begriffe.

Im Folgenden schauen wir uns einige davon an. Details folgen dann weiter unten.

3.2.1 SBV/Vertrauensperson/Stellvertreter

SBV ist zwar u. a. auch der IATA-Code des Flughafens Sabah auf Papua-Neuguinea und des Schweizer Brauerei-Verbands, was dieses Buch betrifft, ist damit jedoch die Bedeutung „Schwerbehindertenvertretung" gemeint.

Mit dem Rechtsbegriff Schwerbehindertenvertretung wird im SGB IX das Amt bezeichnet. Mit **Vertrauensperson** sind hingegen die Amtsinhaber gemeint. Der teils verwendete Begriff „Schwerbehindertenvertreter" ist missverständlich bzw. irreführend und dem SGB IX sowie der Wahlordnung Schwerbehindertenvertretungen (SchwbVWO) fremd.

Also:

- SBV = das Amt der Schwerbehindertenvertretung
- Vertrauensperson = der Amtsinhaber
- Stellvertreter = der Vertreter des Amtsinhabers „Vertrauensperson" im Verhinderungsfall (vgl. 4.1.4.2)

3.2.2 Behinderung i. S. d. § 2 Abs. 1 SGB IX

An die UN-Behindertenrechtskonvention angepasst definiert § 2 Abs. 1 S. 1 und S. 2 SGB IX den Begriff der Behinderung wie folgt:

Begriff der Behinderung, § 2 SGB IX

„Menschen mit Behinderungen sind Menschen, die **körperliche, seelische, geistige** oder **Sinnesbeeinträchtigungen** haben, die sie in Wechselwirkung mit **einstellungs**- und **umweltbedingten Barrieren** an der gleichberechtigten Teilhabe an der Gesellschaft mit hoher Wahrscheinlichkeit **länger als sechs Monate** hindern können. Eine Beeinträchtigung nach Satz 1 liegt vor, wenn der Körper- und Gesundheitszustand **von dem für das Lebensalter typischen Zustand** abweicht."

Wie diese Definition zeigt, geht es nicht darum, behinderten Menschen „Vorteile" zu verschaffen, sondern **die gleichberechtigte Teilhabe** zu gewährleisten.

Letztlich geht es darum, halbwegs vergleichbare Ausgangspositionen für behinderte Menschen zu schaffen. Es ist dabei egal, woher die Behinderung kommt (Unfall, angeboren, Virus...). Auch Auswirkungen auf die Arbeitstätigkeit spielen dabei keine Rolle. Auch Kinder oder Rentner können also behindert sein.

Ich denke, die obige Definition ist relativ klar.[1]

Beispiel:

Als Beispiel für einstellungsbedingte Barrieren stellen Sie sich vor, Sie sind auf dem Weihnachtsmarkt. Es ist voll und ständig rempelt jemand Sie an, so dass Sie Ihren Glühwein verschütten. Bis die Behindertenwohngruppe mit Spastikern, Menschen mit Down-Syndrom oder Epileptikern auf den Markt kommt. Schon teilt sich die Menschenmenge wie das Meer vor Moses. Leider Realität, ich habe es selbst oft genug gesehen.

3.2.3 Grad der Behinderung (GdB)

Die Auswirkungen der Funktionsbeeinträchtigung eines behinderten Menschen werden als Grad der Behinderung (GdB) festgestellt. Dies in 10er-Graden von 20 bis 100. Unter GdB 20 erfolgt keine Feststellung.

Hinweis: Bitte achten Sie hier auf das Wording: Benutzen Sie den Begriff „GdB" und nicht „Prozent". Denn wenn jemand zu 100 Prozent behindert ist, kommt schnell der Verdacht auf, dass dieser Mensch völlig leistungsunfähig ist. Ich kenne jedoch Menschen mit einem GdB von 100, denen man nichts ansieht und die in vielen Bereichen ihres Lebens zu über 100 Prozent leistungsfähig sind.

[1] Details: ABC S. 122 ff.

Festgestellt wird der GdB auf Antrag des Betroffenen durch das Versorgungsamt bzw. die sonst nach Landesrecht zuständige Behörde, § 152 SGB IX. Die Kriterien der Feststellung richten sich nach der Versorgungsmedizin-Verordnung mit den „Versorgungsmedizinischen Grundsätzen".

Details zur Beantragung des GdB finden Sie in Kapitel 8.

3.2.4 Schwerbehinderung

„Schwerbehindert" ist gem. § 2 Abs. 2 SGB IX ein Mensch,

- der einen GdB von mindestens 50 hat und
- seinen Wohnsitz oder gewöhnlichen Aufenthalt oder Arbeitsplatz i. S. d. § 156 SGB IX in Deutschland hat.

  Natürlich kann auch jemand, der keinen Bezug zu Deutschland hat, schwerbehindert sein. Aber dessen Behinderung wird in Deutschland nicht festgestellt. Er muss sich an die Behörden und Regelungen seines Landes halten.

3.2.5 Gleichstellung

„Gleichgestellt" ist gem. §§ 2 Abs. 3; 151 Abs. 2 SGB IX ein Mensch

- mit einem GdB von 30 oder 40,
- welcher durch die Bundesagentur für Arbeit per Bescheid gleichgestellt wurde und
- seinen Wohnsitz oder gewöhnlichen Aufenthalt oder Arbeitsplatz i. S. d. § 156 SGB IX in Deutschland hat.

Die Gleichstellung wird auf Antrag gewährt, wenn ohne Gleichstellung ein geeigneter Arbeitsplatz nicht zu erlangen oder nicht zu behalten ist.

Dies ist vor allem dann der Fall, wenn Behinderte gegenüber Nichtbehinderten auf dem Arbeitsmarkt nicht oder weniger konkurrenzfähig sind. Oder wenn mit der Gleichstellung der Arbeitsplatz sicherer wird, da sonst leichter eine Kündigung droht (z. B. hohe Krankheitsfehltage, krankheitsbedingtes Zuspätkommen).

Folge der Gleichstellung ist, dass der behinderte Mensch rechtlich so behandelt wird, als wäre er nicht nur behindert, sondern schwerbehindert. Dies gilt allerdings nur mit drei wichtigen Ausnahmen:

- kein Zusatzurlaub (§ 208 SGB IX)
- keine unentgeltliche Beförderung im öffentlichen Personennahverkehr (ÖPNV) (§§ 228 bis 237 SGB IX)
- keine vorgezogene Altersrente

Die Beantragung der Gleichstellung und die (mögliche) Beteiligung der SBV werden in Kapitel 8.3 noch näher behandelt

3.2.6 Zuständige Interessenvertretung i. S. d. § 176 SGB IX

Im SGB IX wird des Öfteren von der „zuständigen Interessenvertretung im Sinne des § 176" gesprochen. Das liegt daran, dass die Regelungen des SGB IX nicht nur in privatrechtlichen Betrieben gelten, sondern auch im öffentlichen Dienst.

Während Sie es in privaten Betrieben in aller Regel mit einem Betriebsrat zu tun haben, ist dies im öffentlichen Dienst der Personalrat, oder auch der Richter-, Staatsanwalts- oder Präsidialrat. Ich beschränke mich nachfolgend auf die Nennung von Betriebs- und Personalrat.

Hinweis: Im öffentlichen Dienst kochen die Bundesländer gerne ihr eigenes Süppchen. Von daher gibt es hier auch unterschiedliche Gesetze zum Thema Personalvertretung. In diesem Buch beschränke ich mich auf Verweise zum Bundespersonalvertretungsgesetz (BPersVG), dem die meisten Landesregelungen zumindest nachempfunden sind. Sollten Sie bei einer Landesbehörde beschäftigt sein, beachten Sie bitte Ihre besonderen Landesregelungen.

4. Die SBV im Betrieb

4. Die SBV im Betrieb

4.1 Die Rechtsstellung der SBV

4.1.1 Die SBV als eigenständige Mitarbeitervertretung

Die SBV ist – neben Betriebs-/Personalrat etc. – eine eigenständige, gewählte Interessenvertretung für Schwerbehinderte. Mit eigenen Rechten und Pflichten. Sie ist frei von Weisungen.

4

§ 178 Abs. 1 S. 1 SGB IX regelt:

„Die Schwerbehindertenvertretung fördert die Eingliederung schwerbehinderter Menschen in den Betrieb oder die Dienststelle, vertritt ihre Interessen in dem Betrieb oder der Dienststelle und steht ihnen beratend und helfend zur Seite."

An dieser Formulierung erkennt man, dass die SBV eine eigenständige Mitarbeitervertretung ist.

Die SBV arbeitet **neben** Betriebs-, Personal-, Richter-, Staatsanwalts-, Präsidialrat. Sie soll mit diesen zusammenarbeiten (§ 182 Abs. 1 SGB IX).

4.1.2 Ein kurzer Blick auf die Wahl

Die Thematik wird hier aus Platzgründen nur oberflächlich behandelt. Falls Sie Details benötigen, besorgen Sie sich bitte entsprechende Fachliteratur zur SBV-Wahl[2].

4.1.2.1 Wahl der SBV

Die Wahl der SBV erfolgt in einem weniger komplizierten Wahlverfahren als etwa die des Betriebsrats. Voraussetzung ist die dauerhafte Beschäftigung von mindestens fünf Schwerbehinderten/Gleichgestellten im Betrieb oder der Dienststelle.

Gewählt wird **eine** Vertrauensperson und mindestens ein Stellvertreter, § 177 Abs. 1 S. 1 SGB IX.

---

[2] z. B. Wahl der Schwerbehindertenvertretung: Handbuch mit Formularen zu den SBV-Wahlen 2025/2026 von Franz Josef Düwell

Merke:
Kandidieren mehrere Personen als Vertrauensperson, wird der nicht gewählte Kandidat nicht automatisch Stellvertreter. Vielmehr ist die Position des Stellvertreters in einem **gesonderten Wahlgang** zu besetzen (vgl. §§ 5 Abs. 1 Nr. 7; 20 Abs. 2 S. 2 SchwbVWO).

Anzahl der Stellvertreter

Es ist mindestens 1 Stellvertreter zu wählen, § 177 Abs. 1 S. 1 SGB IX. Die Wahl weiterer Stellvertreter kann beschlossen werden:

- im förmlichen Wahlverfahren durch Beschluss des Wahlvorstands nach Rücksprache mit SBV, Betriebs-/Personalrat und Arbeitgeber, § 2 Abs. 4 SchwbVWO
- im vereinfachten Wahlverfahren durch die Wahlversammlung, § 20 Abs. 2 S. 1 SchwbVWO

Eingeleitet wird die Wahl durch die aktuelle Vertrauensperson (§ 1 Abs. 1 SchwbVWO). Falls keine SBV existiert, kann die Initiative vom Betriebs-/Personalrat, drei Wahlberechtigten (vgl. § 1 Abs. 2 SchwbVWO) oder dem Integrationsamt (§ 177 Abs. 6 S. 4 SGB IX) ausgehen.

Mitgezählt werden bei dieser Grenzzahl alle Schwerbehinderten/Gleichgestellten im Betrieb.

Merke:
Anders als bei der Frage der Wahlberechtigung/Wählbarkeit zählen hier auch z. B. der Inklusionsbeauftragte des Arbeitgebers (§ 181 SGB IX) und leitende Angestellte. Nicht jedoch Mitarbeiter in der Freistellungsphase der Altersteilzeit im Blockmodell und schwerbehinderte/gleichgestellte Arbeitgeber/Dienststellenleiter.

Betriebe mit weniger als 50 Wahlberechtigten wählen – sofern die Betriebsteile räumlich nahe zusammenliegen – grundsätzlich im **vereinfachten Wahlverfahren**. Das bedeutet, die Wahl findet unmittelbar durch die einberufene Wahlversammlung statt (§§ 18 ff. SchwbVWO).

In Betrieben

- mit 50 oder mehr Wahlberechtigten und
- in Betrieben mit weniger als 50 Wahlberechtigten, aber mit räumlich weit[3] auseinander liegenden Teilen,

erfolgt die Wahl im **förmlichen Wahlverfahren** durch einen Wahlvorstand (§§ 1 ff. SchwbVWO).

Wahlberechtigt sind

- Schwerbehinderte/Gleichgestellte,
- die am Wahltag im Betrieb beschäftigt sind und
4 - die bereits als Schwerbehinderte/Gleichgestellte anerkannt sind, d. h. über entsprechende Bescheide verfügen.

Merke:
Wahlberechtigt sind auch Mitarbeiter, die in Teilzeit beschäftigt sind (inkl. geringfügig Beschäftigte, sog. „Mini-Jobs"), Azubis, Mitarbeiter in Elternzeit, Kolleginnen im Mutterschutz, Beamte, Soldaten, Leiharbeiter (auch im Entleiherbetrieb) sowie der Inklusionsbeauftragte, § 181 SGB IX. Nicht wahlberechtigt sind schwerbehinderte Arbeitgeber/Dienststellenleiter und Mitarbeiter in der Freistellungsphase der Altersteilzeit im Blockmodell.

Nach einer neueren Entscheidung des Bundesarbeitsgerichts (BAG)[4] ist nun klargestellt, dass auch Beschäftigte mit Schwerbehinderung in Werkstätten für Menschen mit Behinderung (WfbM) bei der Wahl der Schwerbehindertenvertretung (SBV) wahlberechtigt sind. Zwar werden die WfbM-Beschäftigten bereits durch Werkstatträte vertreten. Werkstatträte ersetzen in Werkstätten den Betriebsrat, jedoch nicht die SBV. Letztere ist eine eigenständige, gesetzlich vorgesehene Interessenvertretung für Menschen mit Schwerbehinderung, unabhängig von ihrer Einbindung in betriebliche Strukturen. Auch bestehen laut BAG keine Interessenkonflikte: Werkstattrat und SBV haben unterschiedliche Aufgaben und sollen gemäß § 8 Abs. 1 WMVO vertrauensvoll zusammenarbeiten.

---

[3] Details: Dau, § 18 SchwbVWO RdNr. 3 ff.

[4] BAG v. 23.10.2024 – Az. 7 ABR 36/23

Wählbar ist, wer am Wahltag

- mindestens 18 Jahre alt ist,
- dem Betrieb[5] bereits seit mindestens sechs Monaten angehört und
- auch dem Betriebsrat/Personalrat angehören dürfte.

Merke:
Der Kandidat muss selbst nicht schwerbehindert/gleichgestellt sein.

Nicht wählbar sind z. B. leitende Angestellte i. S. d. § 5 Abs. 3 Betriebsverfassungsgesetz (BetrVG), Behördenleiter gem. § 7 Bundespersonalvertretungsgesetz (BPersVG), der Inklusionsbeauftragte des Arbeitgebers i. S. v. § 181 SGB IX, Mitarbeiter in der Freistellungsphase der Altersteilzeit im Blockmodell, Leiharbeiter.

Hinweis: Da die in WfbM beschäftigten Menschen in aller Regel keinen Arbeitnehmer-Status haben, sind sie nicht passiv wahlberechtigt.

4.1.2.2 Amtszeit

Gem. § 177 Abs. 5 S. 1 SGB IX finden die Wahlen zur SBV im Normalfall bundesweit alle vier Jahre im Zeitraum 01.10. bis 30.11. statt. Die **Regel-Amtszeit der SBV** beträgt daher vier Jahre – und zwar datumsgenau.

Zwischendrin wird nur gewählt, wenn

- das Amt der SBV vorzeitig erlischt und kein Stellvertreter nachrückt,
- die letzte Wahl erfolgreich angefochten wurde,
- oder noch keine SBV gewählt wurde.

Grundsätzlich wird dann zum nächstmöglichen Termin in den Regel-Wahl-Zeitraum zurückgekehrt (§ 177 Abs. 5 S. 3 SGB IX). Ist die SBV allerdings zum 01.10. des nächsten Regel-Wahl-Zeitraums noch kein Jahr im Amt, erfolgt die Rückkehr erst zum übernächsten Termin (§ 177 Abs. 1 S. 4 SGB IX).

Beispiel:

Eine neue SBV wird am 15.10.2025 gewählt.

Der nächste regelmäßige Wahlzeitraum ist vom 01.10.2026 bis 30.11.2030.

---

[5] oder der Dienststelle, dem Unternehmen oder Konzern

> Am 01.10.2026 ist die SBV aber noch kein Jahr im Amt, also erfolgt die Neuwahl erst im Zeitraum 01.10.2030 bis 30.11.2030.
>
> Wäre die neue SBV am 30.09.2025 gewählt worden, gäbe es 2026 Neuwahlen.

Das Amt der Vertrauensperson **erlischt** in folgenden Fällen:

- Amtsniederlegung durch Vertrauensperson
- Vertrauensperson scheidet aus dem Arbeits-/Dienstverhältnis aus
- Vertrauensperson verliert ihre Wählbarkeit
- Widerspruchsausschuss des Integrationsamts beschließt Erlöschen wegen grober Verletzung von Amtspflichten (§ 177 Abs. 7 S. 5 SGB IX)
- Betriebsauflösung (Details im Einzelnen recht kompliziert)

4

Im Normalfall rückt dann der 1. Stellvertreter in das Amt der Vertrauensperson nach (§ 177 Abs. 7 S. 4 SGB IX).

Das Amt der Vertrauensperson erlischt allerdings bei folgenden Konstellationen **nicht**:

- Elternzeit/Mutterschutz des Amtsinhabers
- notwendige Zahl der Schwerbehinderten/Gleichgestellten sinkt nach der Wahl unter fünf Personen (§ 177 Abs. 1 S. 1 SGB IX)

  Das LAG Köln (Beschluss vom 31.08.2021, Az. 7/2021) sah das anders. Das Bundesarbeitsgericht[6] hob diese Entscheidung allerdings auf und stellte klar, dass die SBV bis zum Ende ihrer Amtszeit im Amt bleibt.
- Betriebsübergang gem. § 613a BGB (außer bei Betriebsauflösung bzw. wenn der Betrieb seine Identität verliert)

Die Amtszeit der Stellvertreter beginnt gleichzeitig mit der Vertrauensperson und dauert genauso lange. Das Amt erlischt (nicht) unter den gleichen Voraussetzungen wie bei der Vertrauensperson.

Mit Erlöschen des Amtes der amtierenden Vertrauensperson rückt das mit der höchsten Stimmenzahl gewählte stellvertretende Mitglied für den Rest der Amtszeit in das Amt der Vertrauensperson

[6] BAG v.om 19.10.2022 – 7 ABR 27/21

nach, § 177 Abs. 7 S. 4 SGB IX – nicht der bei der Wahl der Vertrauensperson unterlegene Gegenkandidat!

Eine **Nachwahl von Stellvertretern** ist möglich, wenn **gar kein** Stellvertreter mehr vorhanden ist, §§ 17, 21 SchwbVWO.

Erfolgt eine Nachwahl, endet die Amtszeit des neu gewählten Stellvertreters mit dem Amtszeitende der Vertrauensperson (vgl. § 17 SchwbVWO).

Die Entscheidung, ob eine Nachwahl durchgeführt wird oder nicht, trifft die Vertrauensperson.

4.1.2.3 Stufenvertretungen

Neben den örtlichen SBVn werden auf der Unternehmensebene Gesamt-SBVn (im öffentlichen Dienst Bezirks-SBVn) und auf Konzernebene Konzern-SBVn (im öffentlichen Dienst Haupt-SBVn) gewählt.

Die Stufenvertretungen sind den örtlichen SBVn nicht übergeordnet. Sie haben jeweils ihren eigenen Wirkungskreis (z. B. Unternehmens- oder Konzernebene).

Regelmäßige Wahlzeiträume		
Örtliche SBV	01.10. – 30.11.(2026)	§ 177 Abs. 1 S. 1 SGB IX
Gesamt-/Bezirks-SBV	01.12.(2026) – 31.01.(2027)	§ 180 Abs. 7 SGB IX
Konzern-/Haupt-SBV	01.02. – 31.03.(2027)	

4.1.3 Für wen ist die SBV zuständig?

Grundsätzlich ist die SBV natürlich für die in ihrem Betrieb beschäftigten Schwerbehinderten/Gleichgestellten zuständig.

Nicht zu den „Schäfchen" der SBV gehören grundsätzlich alle anderen Mitarbeiter, also auch nicht die „nur" Behinderten mit einem GdB von 20 bis 40 ohne Gleichstellung. Allerdings gibt es von diesem Grundsatz eine Ausnahme: Geht es um die Unterstützung von Beschäftigten bei der Stellung von Anträgen auf Feststellung des GdB oder bei Anträgen auf Gleichstellung, ist die SBV auch für diese Mitarbeiter zuständig (§ 178 Abs. 1 S. 3 SGB IX).

4.1.4 Vertrauensperson und Stellvertreter

Sie haben im Rahmen der Wahl zwei unterschiedliche Positionen besetzt: Es wurde die Vertrauensperson gewählt. Und – davon getrennt (hoffentlich) – mindestens ein Stellvertreter (§ 177 Abs. 1 SGB IX).

In der Praxis stellt sich häufig die Frage, wann ist eigentlich die Vertrauensperson, wann der Stellvertreter zuständig? Dürfen die beiden zusammenarbeiten? Sind sie gar ein Team?

Dem wollen wir uns hier widmen.

4.1.4.1 Die Vertrauensperson

Die Vertrauensperson ist grundsätzlich zuständig für alle Aufgaben, die im Rahmen der SBV-Arbeit anfallen.

§ 177 Abs. 1 S. 1 SGB IX regelt:

„In Betrieben und Dienststellen, (...), werden eine Vertrauensperson und wenigstens ein stellvertretendes Mitglied gewählt, das die Vertrauensperson im Falle der Verhinderung vertritt."

Daraus ist klar erkennbar, dass der bzw. die Stellvertreter in der Regel nur dann zum Zuge kommen, wenn die Vertrauensperson **verhindert** ist.

Mit Ausnahme der Heranziehung nach § 178 Abs. 1 S. 4 SGB IX (vgl. 4.1.4.2.2) ist damit klargestellt, dass das Verhältnis Vertrauensperson – Stellvertreter ein **„Entweder-Oder-Verhältnis"** ist.

Merke:
Anders ausgedrückt: Die SBV ist grundsätzlich Einzelkämpfer.

4.1.4.2 Wann ist der, wann sind die Stellvertreter am Zug?

4.1.4.2.1 Stellvertretung bei Verhinderung der Vertrauensperson, § 177 Abs. 1 S. 1 SGB IX

Die Verhinderung der Vertrauensperson kann eine tatsächliche, aber auch eine rechtliche Verhinderung sein.

Aber was sind nun **klassische „Verhinderungsfälle"** – mit der Folge, dass anstelle der Vertrauensperson der Stellvertreter zum Zug kommt?

Dazu die nachfolgende Liste – ohne Anspruch auf Vollständigkeit[7]:

Vertrauensperson ist verhindert bei Abwesenheit wegen ...	**außer ...**
Arbeitsunfähigkeit wegen Krankheit	...die Vertrauensperson möchte ihr Amt trotz Verhinderung wahrnehmen. Solange die Vertrauensperson dies aber nicht angezeigt hat, ist von Verhinderung auszugehen.
Urlaub	
SBV-Schulung	
Elternzeit (ohne, dass in Teilzeit weitergearbeitet wird)	
Beschäftigungsverbot für Mütter und stillende Frauen	
private Gründe (Beerdigung, Hochzeit naher Angehöriger, Gerichtstermin, Arzttermin, etc.)	
Dienstreise	

Online-Sitzungen: Im Laufe der Covid-19-Pandemie hat sich die Arbeitslandschaft in Deutschland grundlegend verändert. Mobiles Arbeiten (oft als „Homeoffice" bezeichnet) hat stark an Bedeutung gewonnen und wird voraussichtlich auch weiterhin bedeutend bleiben.

Zudem besteht inzwischen über § 30 Abs. 2 BetrVG (neu) bzw. § 38 Abs. 3 BPersVG (neu) für die Betriebs- und Personalräte die Möglichkeit, mittels Video- und Telefonkonferenz an einer Betriebsratssitzung teilzunehmen (hybrid oder komplett), so sie das wollen. Ist eine hybride oder Online-Sitzung anberaumt, wird häufig auch bei Ortsabwesenheit einzelner Teilnehmer – wie z. B. der SBV – eine Teilnahme möglich sein. Das wird sich auf mögliche Verhinderungsgründe auswirken. Insoweit wird die Entwicklung in der Rechtsprechung zu beobachten sein.

Beruflicher Termin: Hat die Vertrauensperson einen **Interessenkonflikt** zwischen ihrem Ehrenamt und einem wichtigen beruflichen Termin und entscheidet sie diesen zugunsten des beruflichen Termins, liegt Verhinderung vor[8]. Wird allerdings von einem Vorgesetzten Zwang ausgeübt, liegt keine Verhinderung vor.

7 Details: Fitting, § 25 RdNrn. 17 ff.

8 vgl. LAG Hamm v. 08.12.2017 – Az. 13 TaBV 72/17

Rechtliche Verhinderung: Betrifft eine Maßnahme direkt, individuell und unmittelbar die Vertrauensperson, ist sie befangen und wird von ihrem Stellvertreter vertreten.[9] Dies betrifft insbesondere die Beteiligung der SBV bei Kündigung, Versetzung oder Eingruppierung der Vertrauensperson selbst (= die Vertrauensperson ist in ihrer Stellung als Arbeitnehmer direkt betroffen).

Terminkollision: Die SBV hat das Recht, an allen Sitzungen des Betriebs-/Personalrats und deren Ausschüssen sowie des Arbeitsschutzausschusses teilzunehmen (§ 178 Abs. 4 SGB IX, vgl. auch 4.3.1.2.2). Das kann bisweilen schwer werden, vor allem wenn die Ausschusssitzungen zeitgleich stattfinden. Ist die Vertrauensperson
4 zudem in einer Stufenvertretung (vgl. 4.1.2.3), dann wird das noch komplizierter. In derartigen Fällen liegt auch Verhinderung vor und der Stellvertreter kann einspringen.

Vorsicht: Nur weil ein Arbeitnehmer lieber mit dem Stellvertreter als mit der Vertrauensperson sprechen möchte, führt dies nicht zu einer Verhinderung der Vertrauensperson und so auch zu keinem Fall der Vertretung!

Problemfall:

Vertrauensperson und Stellvertreter arbeiten in verschiedenen Schichten. Darf der Stellvertreter in seiner Schicht die Vertrauensperson vertreten?

Lösungsvorschlag: Ja, bei unaufschiebbaren Anliegen, ansonsten besser Verweis auf die Vertrauensperson.

Und noch einmal Vorsicht: Liegt kein Verhinderungsfall vor, ist der Stellvertreter nicht im Amt. Das bedeutet, dass er auch keinen Freistellungsanspruch gegenüber dem Arbeitgeber hat. Streng genommen begeht der Stellvertreter also Arbeitszeitbetrug, wenn er dennoch SBV-Aufgaben während der Arbeitszeit ausübt.

Unter Aufgabe der noch in der ersten Auflage vertretenen Auffassung, ist allerdings dann eine Besprechung zwischen Vertrauensperson und Stellvertreter zulässig und der Arbeitszeitausfall vom Arbeitgeber zu bezahlen, wenn erforderlicher Abstimmungsbedarf zwischen Vertrauensperson und Stellvertreter besteht. Dies ist besonders dann der Fall, wenn eine Verhinderung absehbar ist (z. B.

9 Dau, § 177 RdNr. 7

Urlaub, stationäre Reha-Maßnahme, Elternzeit). Ist es im Interesse der Amtskontinuität erforderlich, dass sich Vertrauensperson und Stellvertreter abstimmen, können sie dies daher während der Arbeitszeit tun. Dies gilt ebenso bei Rückkehr der Vertrauensperson, sofern während der Vertretungszeit Amtsgeschäfte angefallen sind.[10]

Praxis-Tipp:

Suchen Sie für andere Fälle (z. B. für regelmäßige Abstimmungstermine) mit Ihrem Arbeitgeber eine pragmatische Lösung. Sprechen Sie das Thema kurz an und fragen Sie nach, ob gegen regelmäßige Abstimmungen zwischen Vertrauensperson und Stellvertreter Einwände bestehen.

4.1.4.2.2 Heranziehung des Stellvertreters, § 178 Abs. 1 S. 4 bis 6 SGB IX

Im Gegensatz zur Stellvertretung bei Verhinderung ist die Heranziehung nach § 178 Abs. 1 S. 4 bis 6 SGB IX eine dauerhafte Möglichkeit, den Stellvertreter mit Tätigkeiten zu betrauen.

Voraussetzung ist, dass im Betrieb **mehr als 100** Schwerbehinderte/Gleichgestellte beschäftigt sind.

Heranzuziehen ist der 1. Stellvertreter, bei über 200 Schwerbehinderten/Gleichgestellten der 2. Stellvertreter usw. Es ist also nicht die Entscheidung der Vertrauensperson, welchen Stellvertreter sie heranziehen möchte.

Dem Stellvertreter werden bestimmte Amtsaufgaben übertragen, z. B. die Betreuung der Schwerbehinderten/Gleichgestellten in einem bestimmten Betriebsteil.

Die Heranziehung geht damit über die Stellvertretung weit hinaus und ist davon unabhängig. Das bedeutet, dass eine Stellvertretung im Verhinderungsfall (vgl. 4.1.4.2.1) neben der Heranziehung immer noch möglich ist.

Ob die Vertrauensperson den Stellvertreter heranzieht oder nicht, ist ihre Entscheidung. Es braucht dazu keine Genehmigung des Arbeitgebers. Dieser ist nur zu informieren.

---

10 ebenso: Dau, § 178 RdNr. 25

4.1.4.2.3 Rechtsstellung des Stellvertreters

Gemäß § 179 Abs. 3 S. 2 SGB IX hat der Stellvertreter während der Vertretung und während der Heranziehung die gleiche persönliche Rechtsstellung wie die Vertrauensperson (vgl. 4.1.5 bis 4.1.10).

Außerhalb der Vertretung bzw. der Heranziehung hat der Stellvertreter die gleiche Stellung wie ein Ersatzmitglied des Betriebsrats, § 179 Abs. 3 S. 2 SGB IX. Dies betrifft insbesondere den Kündigungsschutz (vgl. hierzu unten 4.1.7.2).

4.1.5 Ehrenamt

§ 179 Abs. 1 SGB IX

„Die Vertrauenspersonen führen ihr Amt unentgeltlich als Ehrenamt."

Die Vertrauensperson erhält also weder vom Arbeitgeber noch von ihren „Schäfchen" (also den Schwerbehinderten/Gleichgestellten) eine Vergütung für ihre Tätigkeit.

Kostenerstattungsansprüche bestehen allerdings gegenüber dem Arbeitgeber (vgl. dazu 4.2.1).

Die SBV unterliegt im Rahmen der Ausübung ihres Amtes weder Weisungen des Arbeitgebers noch des Betriebs- oder Personalrats. Insbesondere ist die SBV dem Betriebsrat oder Personalrat gegenüber nicht untergeordnet oder weisungsabhängig – auch wenn einige Gremien das so sehen mögen.

4.1.6 Behinderungs-, Benachteiligungs- und Begünstigungsverbot

§ 179 Abs. 2 SGB IX

„Die Vertrauenspersonen dürfen in der Ausübung ihres Amtes nicht behindert oder wegen ihres Amtes nicht benachteiligt oder begünstigt werden; dies gilt auch für ihre berufliche Entwicklung."

4.1.6.1 Behinderungsverbot

„Behinderung" in diesem Sinn ist jeder unzulässige Eingriff in die Amtsausübung der SBV, der diese an der ordnungsgemäßen Ausübung ihres Amtes hindert oder die Ausübung erschwert – sei es durch Tun oder durch Unterlassen.

Beispiele:

- Weigerung, verhältnismäßige Kosten zu tragen (vgl. § 179 Abs. 8 SGB IX)
- Verweigerung der Überlassung einer Kopie der Liste der beschäftigten Schwerbehinderten/Gleichgestellten (vgl. § 163 Abs. 2 S. 3 SGB IX)
- Nichtbeteiligung im Verfahren nach § 164 SGB IX (= Pflichten des Arbeitgebers, etwa Schaffung von Arbeitsplätzen, Teilzeitarbeitsplätzen, Arbeitsplatzausstattung usw.)
- Nichtinformation i. R. v. § 178 Abs. 2 SGB IX („Der Arbeitgeber hat die Schwerbehindertenvertretung in allen Angelegenheiten, die einen einzelnen oder die schwerbehinderten Menschen als Gruppe berühren, unverzüglich und umfassend zu unterrichten und vor einer Entscheidung anzuhören; er hat ihr die getroffene Entscheidung unverzüglich mitzuteilen. ...")

Der SBV steht im Falle des Falles ein vor dem Arbeitsgericht durchsetzbarer Anspruch auf Beseitigung einer Störung und auf künftiges Unterlassen zu.[11]

Hinweis: Auch im öffentlichen Dienst ist das Arbeitsgericht zuständig – nicht etwa das Verwaltungsgericht.

4.1.6.2 Benachteiligungsverbot

Benachteiligung ist jede objektiv erkennbare Schlechterstellung der SBV gegenüber anderen Beschäftigten aufgrund ihrer Amtsausübung.

Beispiele:

- Der Vertrauensperson wird das Entgelt gemindert mit dem Hinweis, dass sie während ihrer Amtstätigkeit oft nicht am Arbeitsplatz ist.
- Die Vertrauensperson wird auf einen geringerwertigen Arbeitsplatz versetzt mit dem Hinweis, dass das Amt und ein Status als Vorgesetzter nicht zusammenpassen würden.

[11] Dau, § 179 RdNr. 32

Bei Verletzung des Benachteiligungsverbots kommen Schadenersatzansprüche gemäß § 823 Abs. 2 BGB in Betracht.

4.1.6.3 Begünstigungsverbot

Jede (in-)direkte, offene oder versteckte zusätzliche Vergütung oder materielle Bevorzugung aufgrund des Amtes ist unzulässig.

Beispiele:

- eine besondere Vergütung
- übermäßige Aufwandsentschädigungen
- unverhältnismäßige Freistellungen
- SBV-Zulage

Die Entgegennahme rechtswidriger Begünstigungen kann zu einer Amtsenthebung gem. § 177 Abs. 7 S. 5 SGB IX durch den Widerspruchsausschuss des Integrationsamts führen.

4.1.7 Besonderer Kündigungsschutz von Vertrauensperson und Stellvertreter

Die Vertrauensperson hat gegenüber dem Arbeitgeber die gleiche kündigungsschutzrechtliche Stellung wie der Betriebs- oder Personalrat, § 179 Abs. 3 S. 1 SGB IX.

Der Stellvertreter hat die gleiche Stellung wie ein Ersatzmitglied des Betriebs- oder Personalrats, § 179 Abs. 3 S. 2 SGB IX.

Dabei muss man zwischen der ordentlichen und der außerordentlichen Kündigung unterscheiden:

- Die ordentliche Kündigung ist der „Normalfall" der Kündigung. Üblicherweise mit einer Kündigungsfrist.
- Für die außerordentliche Kündigung benötigt man gem. § 626 BGB einen sog. „wichtigen Grund". Sie ist in der Regel fristlos, da es dem Kündigenden nicht zumutbar ist, das Arbeitsverhältnis bis zum Ablauf der Kündigungsfrist weiter fortzuführen (vgl. § 626 Abs. 1 BGB).

4.1.7.1 Kündigungsschutz der Vertrauensperson

Der Kündigungsschutz ist im Wesentlichen zeitlich in drei Abschnitte geteilt.

Der **erste Abschnitt** betrifft die Zeit von der Bestellung als Wahlvorstand bzw. Einladung zur Wahlversammlung für die Einladenden sowie der Aufstellung des Wahlvorschlags bei Kandidaten. Sie endet mit Bekanntgabe des Wahlergebnisses.

Im vereinfachten Wahlverfahren ist dies meist ein sehr kurzer Abschnitt.

Bezüglich einer Kündigung gilt:

- Die ordentliche Kündigung ist absolut *unzulässig*, §§ 179 Abs. 3 S. 1 SGB IX; 15 Abs. 3 KSchG.
- Die außerordentliche Kündigung ist *nur mit aktiver Zustimmung des Betriebsrats* (§§ 179 Abs. 3 S. 1 SGB IX; 103 Abs. 1 BetrVG) bzw. des Personalrats (§§ 179 Abs. 3 S. 1 SGB IX; 47 BPersVG) zulässig. Einer Zustimmung der SBV (z. B. des Stellvertreters) bedarf es nicht.[12]

Verweigert der Betriebsrat/Personalrat die Zustimmung, kann der Arbeitgeber/Dienststellenleiter beim Arbeitsgericht (auch im öffentlichen Dienst, analog § 2a Abs. 1 Nr. 3a ArbGG) die Zustimmungsersetzung beantragen.

Der **zweite Abschnitt** beginnt mit Bekanntgabe des Wahlergebnisses und endet für die Vertrauensperson mit Ende der Amtszeit. Hier ist der Kündigungsschutz – natürlich – nicht schlechter, §§ 179 Abs. 3 S. 1 SGB IX; 15 Abs. 1 S. 1 KSchG.

Der **dritte Abschnitt** beginnt mit dem Ende der Amtszeit und endet ein Jahr später (sog. nachwirkender Kündigungsschutz).

- Während dieser Zeit sind ordentliche Kündigungen nach wie vor unzulässig (§§ 179 Abs. 3 S. 1 SGB IX; 15 Abs. 1 S. 2 KSchG).
- Außerordentliche Kündigungen können nun jedoch auch ohne Zustimmung von Betriebs- oder Personalrat ausgesprochen werden.

---

[12] BAG, v. 19.07.2012 – Az. 2 AZR 989/11, strittig. Anders (Zustimmung der SBV erforderlich): Dau, § 179 RdNr. 61 m.w.N.

4.1.7.2 Kündigungsschutz des Stellvertreters

Im **ersten Abschnitt** gilt das oben zur Vertrauensperson Gesagte.

Im **zweiten Abschnitt** beginnt mit Bekanntgabe des Wahlergebnisses ein nachwirkender Kündigungsschutz von sechs Monaten, in dem eine ordentliche Kündigung ausgeschlossen ist. Außerordentlich kann (nun) jedoch auch ohne Zustimmung des Betriebs-/Personalrats gekündigt werden, §§ 179 Abs. 3 S. 2 SGB IX; 15 Abs. 3 S. 2 KSchG. [13]

Wichtig: Bei nicht gewählten Kandidaten als Vertrauensperson endet das Ganze dann auch an dieser Stelle.

4 Für den Stellvertreter beginnt ab dann eine Zeit ohne besonderen Kündigungsschutz. Kommt es allerdings zu einem Vertretungsfall, beginnt quasi eine kleine „Mini-Amtszeit", während der der Stellvertreter den vollen Kündigungsschutz genießt (wie die Vertrauensperson im zweiten Abschnitt, s. o.).

An diese „Mini-Amtszeit" schließt sich dann ein Jahr nachwirkender Kündigungsschutz an. Ganz so, wie bei der Vertrauensperson im **dritten Abschnitt**. Das kann – und wird sich häufig – wiederholen, so dass Stellvertreter, welche regelmäßig im Verhinderungsfall tätig werden, immer wieder, wenn nicht gar durchgängig, Kündigungsschutz genießen.

Zusammenfassende Übersicht:

Abschnitt	Kündigungsschutz Vertrauensperson	Kündigungsschutz Stellvertreter
1) Beginn: Bestellung als Wahlvorstand / Einladung zur Wahlversammlung für die Einladenden / Aufstellung des Wahlvorschlags bei Kandidaten. **Ende:** Bekanntgabe des Wahlergebnisses	■ Keine ordentliche Kündigung ■ Außerordentliche Kündigung nur mit Zustimmung des Betriebsrats / Arbeitsgerichts	■ Keine ordentliche Kündigung ■ Außerordentliche Kündigung nur mit Zustimmung des Betriebsrats / Arbeitsgerichts

13 vgl. auch BAG v. 30.03.2010 – Az. 7 AZB 32/09: In entsprechender Anwendung von § 2a Abs. 1 Nr. 3a ArbGG ist das Arbeitsgericht auch zuständig für Streitigkeiten zu den Rechten und Pflichten der SBV aus § 179 SGB IX.

Abschnitt	Kündigungsschutz Vertrauensperson	Kündigungsschutz Stellvertreter
2a) Bekanntgabe des Wahlergebnisses bis Ende der Amtszeit der Vertrauensperson	■ Keine ordentliche Kündigung ■ Außerordentliche Kündigung nur mit Zustimmung des Betriebsrats / Arbeitsgerichts	
2b) Bekanntgabe des Wahlergebnisses bis 6 Monate nach Bekanntgabe Wahlergebnis	Für unterlegenen Bewerber: Keine ordentliche Kündigung	Keine ordentliche Kündigung
3) Ende der Amtszeit als Vertrauensperson bis 12 Monate nach Ende	Keine ordentliche Kündigung	Keine ordentliche Kündigung (u. U. öfters im Laufe der Zeit bei zeitweiliger Verhinderung der Vertrauensperson)

Hinweis: Die ordentliche Kündigung kann – trotz der Geltung des § 15 Abs. 1 bis 3b KSchG – ausnahmsweise wirksam sein, wenn der Betrieb stillgelegt wird (§ 15 Abs. 4 KSchG) bzw. wenn die Betriebsabteilung in der die Vertrauensperson beschäftigt ist, stillgelegt wird und eine Weiterbeschäftigung in einer anderen Betriebsabteilung aus betrieblichen Gründen nicht möglich ist (§ 15 Abs. 5 i. V. m. Abs. 4 KSchG).

4.1.7.3 Versetzungsschutz, §§ 103 Abs. 3 BetrVG; 47 Abs. 2 BPersVG

Zur Gewährleistung der Kontinuität des Amtes, genießt die Vertrauensperson auch einen besonderen Versetzungsschutz nach den §§ 103 Abs. 3 BetrVG/47 Abs. 2 BPersVG.

Soll die Vertrauensperson versetzt werden und

- würde dadurch ihr Amt/ihre Wählbarkeit verlieren (z. B. bei betriebsübergreifender Versetzung; Beförderung zum leitenden Angestellten, Benennung zum Inklusionsbeauftragten nach § 181 SGB IX), und
- die Vertrauensperson ist mit der Versetzung nicht einverstanden, dann

- benötigt der Arbeitgeber die Zustimmung des Betriebs-/Personalrats des abgebenden Betriebs, oder
- muss diese durch das Arbeitsgericht ersetzen lassen.

4.1.8 Geheimhaltungspflichten

4.1.8.1 Grundsätze

§ 179 Abs. 7 SGB IX regelt Verschwiegenheitspflichten der SBV in zwei Bereichen, sofern die SBV (Vertrauensperson und/oder Stellvertreter) **wegen ihres Amtes**:

- fremde Geheimnisse, namentlich zum persönlichen Lebensbereich gehörende Geheimnisse anvertraut bekommt, oder sonst erfahren hat (persönliche Geheimnisse), oder
- Betriebs- oder Geschäftsgeheimnisse erfahren hat, welche vom Arbeitgeber ausdrücklich als geheimhaltungsbedürftig bezeichnet wurden.

Diese Geheimnisse darf sie grundsätzlich nicht offenbaren, Betriebs- und Geschäftsgeheimnisse außerdem nicht verwerten. Dies gilt auch nach dem Ausscheiden aus dem Amt.

Definitionen

Betriebsgeheimnisse beziehen sich auf Erreichung des Betriebszwecks (z. B. Fabrikationsverfahren, Konstruktionen, Patente, Rezepturen). Anders ausgedrückt geht es hier um technische Geheimnisse. Diese wird die SBV im Rahmen ihres Ehrenamts eher selten erfahren.

Geschäftsgeheimnisse betreffen das betriebswirtschaftliche Know-how (z. B. Kundenlisten, Preisberechnungen, Kalkulationen). Hier kann es häufiger vorkommen, dass die SBV im Rahmen ihrer Tätigkeit etwas erfährt. Denken Sie beispielsweise nur an Wirtschaftsausschusssitzungen.

4.1.8.2 Ausnahmen

Die Verschwiegenheitspflichten bestehen nicht, wenn der Betroffene der Offenbarung zustimmt.

Praxis-Tipp:

Diese Zustimmung sollte man sich allerdings am besten schriftlich geben lassen!

Auch in der Zusammenarbeit mit Betriebs-/Personalrat und mit den Stufenvertretungen besteht die Verschwiegenheitspflicht grundsätzlich nicht, da hier gemeinschaftliches Verschwiegenheitsgebot besteht.

Nach § 179 Abs. 7 S. 3 SGB IX besteht die Verschwiegenheitspflicht auch nicht gegenüber der Bundesagentur für Arbeit, den Reha-Trägern und dem Integrationsamt bzw. Inklusionsamt, wenn die Offenbarung im Rahmen der Aufgabenerfüllung im Einzelfall erforderlich ist.

Praxis-Tipp:

Auch in diesem Fall ist es jedoch sinnvoll, die Weitergabe von entsprechenden Daten vorab mit der betroffenen Person zu besprechen. Zudem sollte man sich von der Behörde schriftlich bestätigen lassen, dass die Weitergabe der Daten erforderlich ist.

4.1.8.3 Praxis-Tipp: Verschwiegenheit gegenüber Betriebs- bzw. Personalrat

Häufig erfährt man im vertraulichen Gespräch mit Kollegen Dinge, die möglicherweise auch für den Betriebs-/Personalrat von Interesse sind, oder über die man sich gerne in den Gremien austauschen würde. Dabei sollte man beachten, dass auf keinen Fall das **Vertrauensverhältnis** zu den Kollegen gestört werden sollte.

Es empfiehlt sich daher folgende Handhabung:

- *Ausdrückliches Einverständnis* der betroffenen Person = Entbindung von der Schweigepflicht. Sie können mit dem Betriebs-/Personalrat sprechen. Lassen Sie sich das Einverständnis aber schriftlich geben.
- *Bitte um Vertraulichkeit* = Keine Entbindung von der Schweigepflicht. D. h. auch gegenüber dem Betriebs-/Personalrat muss man die Informationen für sich behalten. Das hat jedoch oft die

Konsequenz, dass Sie nichts für die betroffene Person tun können. Darauf sollten Sie dann ausdrücklich hinweisen.

- *Keine (klare) Aussage* = Grundsätzlich keine Schweigepflicht gegenüber Betriebs-/Personalrat. Aber: Kein Freifahrtschein zum Plappern, denn die Weitergabe von Informationen ist nur zulässig, soweit dies zur Amtsführung notwendig ist. Und denken Sie an das Vertrauensverhältnis!

Achtung: Der Betriebs-/Personalrat kann die SBV nicht zwingen, Auskunft über vertrauliche Gespräche mit Kollegen zu geben.

4.1.8.4 Folgen bei Verstößen

Verstöße gegen Verschwiegenheitspflichten sind strafbar nach den §§ 237a, 237b SGB IX und mit Geldstrafen bzw. Freiheitsstrafen bis zu einem oder gar zwei Jahren belegt.

4.1.9 Freistellung zur Ausübung des Ehrenamts

4.1.9.1 Teilweise (vorübergehende) Freistellung, § 179 Abs. 4 S. 1 SGB IX

Im Normalfall wird die Vertrauensperson zur Ausübung ihres Ehrenamtes aus konkretem Anlass vorübergehend von ihrer normalen Tätigkeit befreit.

Voraussetzungen für den Freistellungsanspruch sind:

- die Freistellung muss der Wahrnehmung der Amtsaufgaben dienen und
- das Arbeitsversäumnis ist für die Durchführung der Amtsaufgabe vernünftigerweise erforderlich.

Die Entscheidung, ob die Freistellung „erforderlich" ist, trifft die Vertrauensperson, nicht der Arbeitgeber.

Der Begriff „erforderlich"

Dieser unbestimmte Rechtsbegriff begegnet uns immer mal wieder. Wie bei allen derartigen Begriffen tut man sich in der Praxis damit ziemlich schwer.

Was ist „erforderlich" und was nicht (mehr)? Als in der Praxis lebender Mensch kommt man sich hier öfters im Stich gelassen vor.

Kennen Sie dieses Kinderspielzeug namens „Slime" oder „Schleim"? Diese glibberige, meist neonfarbige Masse, die man zwar irgendwie festhalten kann, die einem dann aber doch immer wieder durch die Finger gleitet.

So ähnlich ist das mit diesen unbestimmten Rechtsbegriffen. Und Sie müssen auch noch die Entscheidung treffen, was nun erforderlich ist – und was eben nicht.

Nun, lassen Sie sich dabei am besten von Ihrem gesunden Menschenverstand leiten. Dieser sollte Ihnen in 99,234 Prozent der Fälle eine vertretbare Lösung liefern. Einen gewissen Ermessensspielraum gesteht man Ihnen dabei zu.

Sofern Sie Ihre normale Arbeit für SBV-Tätigkeit unterbrechen, müssen Sie sich im Normalfall bei Ihrem unmittelbaren Vorgesetzten **abmelden**, um eine Überbrückung des Arbeitsausfalls zu ermöglichen. Dies ist allerdings nicht nötig, wenn eine vorübergehende Umorganisation der Arbeitseinteilung nicht ernsthaft in Betracht kommt.[14]

Grundsätzlich sollten jedoch Abmeldung und Rückmeldung schon aus Gründen der Höflichkeit selbstverständlich sein. Dies gilt vor allem auch bei längeren Abwesenheitszeiten, wie etwa der Teilnahme an einer Sitzung des Betriebs-/Personalrats.

Praxis-Tipp:

Gelegentlich ist es etwas schwierig, mit seinem direkten Vorgesetzten tatsächlich in Kontakt zu treten. Sprechen Sie das Thema an und finden Sie gemeinsam eine praktikable Lösung. So kann z. B. vereinbart werden, dass Ihre Abwesenheitszeiten in Ihrem Outlook-Kalender entsprechend markiert werden. Oder Sie schicken eine E-Mail.

Vorgehensweisen, welche man vorab vereinbart hat, führen später nicht zu Streit.

Achtung: Der Arbeitgeber bzw. der Vorgesetzte muss bei der Verteilung der Aufgaben der Amtstätigkeit der SBV Vorrang geben. Sonst kann darin ein Verstoß gegen das Behinderungsverbot des § 179 Abs. 2 SGB IX gesehen werden.

14 BAG v. 29.06.2011 – Az. 7 ABR 135/09

Daran kann man gut erkennen, dass es nicht Ihr Problem als Vertrauensperson/Stellvertreter ist, wenn Sie mit Ihren Arbeitsaufgaben nicht fertig werden. Der Fehler liegt hier in der Regel bei Ihrem Vorgesetzten, der bei der Aufgabenverteilung schlicht die gesetzlich geforderte Rücksichtnahme auf Ihr Ehrenamt nicht beachtet. Oder mit anderen Worten: Nicht Sie machen Ihren Job nicht, sondern Ihr Vorgesetzter macht seinen Job nicht!

4.1.9.2 Vollständige Freistellung, § 179 Abs. 4 S. 2 SGB IX

Bei der vollständigen Freistellung erfolgt eine pauschale Freistellung für die gesamte Arbeitszeit. Voraussetzungen dafür sind:

- im Betrieb/der Dienststelle sind in der Regel mindestens 100 Schwerbehinderte/Gleichgestellte beschäftigt und
- die Vertrauensperson wünscht ausdrücklich die vollständige Freistellung.

Dann ist der Arbeitgeber verpflichtet, die Vertrauensperson voll freizustellen. Unterhalb der Grenzzahl 100 kann aber – auf freiwilliger Basis – auch eine (Voll-/Teil-)Freistellung vereinbart werden.

Möglich ist auch eine Aufteilung auf mehrere Personen (z. B. 50 % für Vertrauensperson und 50 % für den 1. Stellvertreter); vgl. §§ 179 Abs. 3 S. 1 SGB IX i. V. m. § 38 Abs. 1 S. 3 und S. 4 BetrVG/§ 46 Abs. 4 BPersVG (sog. Teilfreistellung).

Gem. § 179 Abs. 5 SGB IX darf die freigestellte Vertrauensperson/der freigestellte Stellvertreter nicht von inner- oder außerbetrieblichen Fortbildungsmaßnahmen ausgeschlossen werden. Gegebenenfalls ist nach Beendigung der Freistellung Gelegenheit zur Nachholung zu geben.

4.1.9.3 Amtsführung außerhalb der Arbeitszeit

Zum Ausgleich für ihre Tätigkeit, die die Vertrauensperson

- aus betriebsbedingten oder dienstlichen Gründen (z. B. Schichtarbeit, Behördentermine, s. u.)
- außerhalb der Arbeitszeit durchführen muss,

hat die Vertrauensperson gem. § 179 Abs. 6 SGB IX Anspruch auf

- entsprechende Arbeits- oder Dienstbefreiung
- unter Fortzahlung des Arbeitsentgelts oder der Dienstbezüge.

Insbesondere bei der Frage, ob die SBV-Tätigkeit aus betrieblichen/dienstlichen Gründen in der Freizeit stattfindet, wird man § 37 Abs. 3 BetrVG mit der hierzu ergangenen Rechtsprechung entsprechend anwenden können.[15]

So kann sich der dienstliche Bezug auch aus unterschiedlichen Arbeitszeitregelungen ergeben.

Beispiel:

Die Vertrauensperson ist teilzeitbeschäftigt von 08:00 Uhr bis 12:00 Uhr. Die Betriebs-/Personalratssitzung findet aber von 14:00 bis 16:00 Uhr statt. Damit ist die SBV-Tätigkeit „Teilnahme an der Betriebs-/Personalratssitzung" betrieblich bedingt.

Technisch kann der Freizeitausgleich entweder gesondert (auf Antrag der SBV) oder durch Gutschrift auf dem Arbeitszeitkonto gewährt werden.

4.1.10 Schulungsansprüche

§ 179 Abs. 4 S. 3 SGB IX regelt den Schulungsanspruch für Vertrauenspersonen und Stellvertreter.

4.1.10.1 Erforderlichkeit der Schulung

Hier ist er wieder, der Begriff „erforderlich", der uns schon weiter oben begegnet ist. Bezogen auf SBV-Schulungen bedeutet er:

Die Schulung vermittelt Wissen, das die SBV für die Erfüllung ihrer Aufgaben benötigt und über welches sie nicht bereits verfügt.

Ein konkreter Bezug zu den Aufgaben der SBV reicht aber aus, eine behinderten-spezifische Thematik ist nicht notwendig.

Beispiele:

Viele (v. a. private) Anbieter bieten eine Grundlagenreihe an (z. B. SBV Teil I, SBV Teil II, SBV Teil III), welche in aller Regel sehr eng an die direkte Arbeit der SBV angelehnt ist.

Daneben gibt es aber auch (Spezial-)Seminare, z. B. zum Thema „betriebliches Eingliederungsmanagement", welche zwar auch für Schwerbehinderte/Gleichgestellte greifen, aber eben nicht

[15] so Dau, § 179 RdNr. 7

nur. Oder auch Seminare zum Thema Rhetorik und Kommunikation. Auch dies muss die SBV beherrschen. Denken Sie nur an Verhandlungen mit dem Arbeitgeber oder auch Reden auf der Betriebsversammlung.

4.1.10.2 Wie oft und wie lange?

Anzahl, Zeitdauer und zeitlicher Zusammenhang richten sich nach der Erforderlichkeit im Einzelfall. Hier gibt es keine festen Vorgaben.

Logisch nachvollziehbar ist, dass vor allem neu ins Amt gewählte Vertrauenspersonen/Stellvertreter einen höheren Schulungsbedarf haben als „alte Hasen". Wo für die altgediente Vertrauensperson vermutlich ein Seminar „Schwerbehindertenvertretung Fresh-up" ausreichend ist, wird der Neuling die dreiwöchige Grundlagenreihe benötigen.

Es gibt übrigens keine Regelung wie „1 Jahr – 1 Seminar" oder Ähnliches. **Anspruch besteht auf das, was erforderlich ist**. Dabei spielen auch die Betriebsgröße und die Anzahl der zu betreuenden Schwerbehinderten/Gleichgestellten eine Rolle.

Was aber auch bei „kleineren" Schwerbehindertenvertretungen immer erforderlich ist, sind zumindest die Grundlagen, meist also SBV I bis SBV III.[16]

Auch zum Ende der Amtszeit hin kann eine Schulung erforderlich sein, wenn die Kenntnisse bis dahin noch benötigt werden.

4.1.10.3 Wer entscheidet?

Die Entscheidung über die Schulung, also die Fragen

- welche Schulung/welches Thema,
- Zeitpunkt,
- Ort,
- Anbieter,

trifft die Vertrauensperson. Dabei hat sie – gerade bei der Frage der Erforderlichkeit – den Standpunkt eines vernünftigen, unbefangenen Dritten einzunehmen. Anders gesagt: Sie hat gesunden Menschenverstand walten zu lassen.

[16] Dau, § 179 RdNr. 118

Merke:

Der Betriebs-/Personalrat muss weder die Schulung beschließen noch dieser zustimmen. Das ist allein Sache der Vertrauensperson.

4.1.10.4 Und die Kosten?

Der Arbeitgeber muss die verhältnismäßigen Kosten tragen, § 179 Abs. 8 S. 1 SGB IX. Dazu zählen insbesondere die Arbeitsbefreiung unter Entgeltfortzahlung (vgl. § 179 Abs. 4 SGB IX), Seminargebühren, Reisekosten, Verpflegung und Übernachtung.

Und ja, manch ein Arbeitgeber wird da schlucken. Man wird Ihnen vielleicht vorschlagen, doch den in der Regel kostenlosen Tageskurs beim Integrationsamt statt der vermeintlich teuren Schulung beim Privatanbieter zu besuchen. Dass hier die Ausbildung nicht so tiefgehend und umfassend sein kann, liegt jedoch auf der Hand. Möglicherweise wird man Ihnen die Schulung untersagen oder nicht genehmigen.

Hinweis: Nun ja, der Arbeitgeber muss Ihre Schulung nicht „genehmigen". Er muss sie allerdings bezahlen. Versuchen Sie daher zunächst, eine einvernehmliche Lösung zu finden.

Lassen Sie sich übrigens nicht verunsichern: Ihr Arbeitgeber kann Sie nicht pauschal auf die vermeintlich günstigeren Schulungen der Integrationsämter verweisen. Diese haben kein Schulungsmonopol. Auch private Anbieter oder Gewerkschaften bieten „erforderliche" Schulungen an.[17]

Wenn jedoch gute Worte hier nichts helfen, wird Ihnen letztendlich auch nichts anderes übrigbleiben, als gerichtliche Hilfe in Anspruch zu nehmen. Zuständig sind hier übrigens die Arbeitsgerichte – auch wenn Sie im öffentlichen Dienst tätig sind (§ 2a Abs. 3 Nr. 3a, Abs. 2 ArbGG).

Praxis-Tipp:

Nicht immer enden Gerichtsverfahren so, wie man sich das vorstellt. Und oftmals dauern sie Monate, wenn nicht gar Jahre. Von daher sollten Sie gerade bei Schulungsvorhaben vorher eine sog. „Einstweilige Verfügung" im Beschlussverfahren gem.

[17] Dau, § 179 RdNr. 117

§§ 935; 940 ZPO; 2a Abs. 1 Nr. 3a; 85 Abs. 2 ArbGG beantragen. Damit bekommen Sie schnell Rechtssicherheit.

Bei teilzeitbeschäftigten Vertrauenspersonen ist zudem § 179 Abs. 3 S. 1 i. V. m. § 37 Abs. 6 S. 2 BetrVG zu berücksichtigen. Danach bekommen diese für ihre eigentliche Arbeitszeit natürlich die Arbeitsbefreiung. Sofern die Schulung aber länger dauert, wird hier „SBV-Tätigkeit in der Freizeit“ gutgeschrieben (vgl. 4.1.9.3), allerdings gedeckelt auf maximal die Arbeitszeit eines Vollzeitbeschäftigten.

Beispiel:

Vertrauensperson Valentin arbeitet üblicherweise 4 Stunden täglich. Vollzeitbeschäftigte im Betrieb des Valentin arbeiten 7 Stunden 30 Minuten täglich. Valentin besucht eine SBV-Schulung mit 8 Stunden Schulungszeit täglich. Dafür bekommt er am Tag eine Arbeitsbefreiung von 4 Stunden und 3 Stunden 30 Minuten als Plusstunden auf sein Arbeitszeitkonto.

4.1.10.5 Schulung der Stellvertreter

Seit der gesetzlichen Neuregelung zum 01.01.2018 kann der 1. Stellvertreter (und die weiteren herangezogenen Stellvertreter nach § 178 Abs. 1 S. 5 SGB IX) unter den gleichen Voraussetzungen wie die Vertrauensperson an Schulungen teilnehmen, § 179 Abs. 4 S. 3 SGB IX.

Die Entscheidung über die Schulung, also die Fragen nach den Details der Schulung (Thema, Zeitpunkt, Ort, Anbieter usw.), trifft der Stellvertreter. Weder die Vertrauensperson noch der Betriebs-/Personalrat muss die Schulung beschließen, noch dieser zustimmen.[18]

Praxis-Tipp:

Sinnvoll ist natürlich, wenn sich Stellvertreter und Vertrauensperson hier miteinander abstimmen.

Der Schulungsanspruch für die weiteren Stellvertreter ist gesetzlich nicht ausdrücklich geregelt. Nach der alten gesetzlichen Regelung hatten die Stellvertreter dann einen Schulungsanspruch, wenn häu-

[18] Dau, § 179 RdNr. 117

fige Vertretungen der Vertrauensperson auf längere Zeit oder das absehbare Nachrücken in das Amt vorlagen[19] (z. B., wenn es absehbar ist, dass die Vertrauensperson in Rente geht).

Das wird man auf die weiteren Stellvertreter nunmehr auch heute so anwenden können.

4.2 Praxis der SBV-Arbeit

4.2.1 Kosten der Amtsausübung

4.2.1.1 Grundsätzliches

§ 179 Abs. 8 SGB IX

„Die durch die Tätigkeit der Schwerbehindertenvertretung entstehenden Kosten trägt der Arbeitgeber; für öffentliche Arbeitgeber gelten die Kostenregelungen für Personalvertretungen entsprechend. Das Gleiche gilt für die durch die Teilnahme der stellvertretenden Mitglieder an Schulungs- und Bildungsveranstaltungen nach Absatz 4 Satz 3 entstehenden Kosten. Satz 1 umfasst auch eine Bürokraft für die Schwerbehindertenvertretung in erforderlichem Umfang."

Das ist eindeutig eine der unbeliebtesten Vorschriften auf Arbeitgeberseite. Doch auch für Sie ist diese Norm nicht ganz ohne. Denn – wieder einmal – begegnet uns unser Lieblingsbegriff „erforderlich".

Für Sie als SBV bedeutet dies, dass Sie keine Zustimmung des Arbeitgebers für Kosten benötigen, welche Sie in erforderlicher Weise verursachen.

Allerdings sollte sinnvollerweise gerade bei größeren Ausgaben eine vorherige Absprache erfolgen. Dies ergibt sich – letztlich – aus dem Grundsatz der Zusammenarbeit mit dem Arbeitgeber nach § 182 SGB IX.

Hinweis: Natürlich müssen auch Sie in Ihrem Ehrenamt sich an die betrieblich vorgegebenen Beschaffungswege halten. Nur weil Sie SBV sind, kommen Sie dennoch nicht z. B. um das weit verbreitete und oft gehasste „Ticket-System" herum.

Tragen muss der Arbeitgeber vor allem die im Rahmen der Amtsführung der SBV entstehenden Kosten.

---

[19] Dau, § 179 RdNr. 117

Beispiele:

- Arbeitsmittel (z. B. Gesetze, Kommentare, dieses Buch, Büromaterial)
- Fahrt-/Reisekosten
- erforderliche Schulungskosten
- Kosten (außer-)gerichtlicher Streitigkeiten

Gerade bei Rechtsstreitigkeiten sollten Sie darauf achten, dass die Rechtsverfolgung nicht offensichtlich aussichtslos oder mutwillig ist, ansonsten muss der Arbeitgeber die Kosten nicht tragen. Zudem achten Sie bitte darauf, dass Ihr Rechtsvertreter auf Basis der gesetzlichen Gebühren nach dem Rechtsanwaltsvergütungsgesetz (RVG) abrechnet. Nur diese Kosten muss der Arbeitgeber tragen. Leider gibt es auch unter Anwälten schwarze Schafe, die versuchen, über Gebührenvereinbarungen mehr herauszuschlagen.

Eine Budgetierung der Kosten ist nicht zulässig. Weder durch den Arbeitgeber noch durch den Betriebs-/Personalrat. Im Gegenteil: Der Betriebs-/Personalrat ist Ihnen gegenüber nach § 179 Abs. 9 SGB IX verpflichtet.

§ 179 Abs. 9 SGB IX

„Die **Räume und der Geschäftsbedarf**, die der Arbeitgeber dem Betriebs-, Personal-, (...)rat für dessen Sitzungen, Sprechstunden und laufende Geschäftsführung zur Verfügung stellt, **stehen für die gleichen Zwecke auch der Schwerbehindertenvertretung zur Verfügung**, soweit ihr hierfür nicht eigene Räume und sächliche Mittel zur Verfügung gestellt werden."

4.1.2.2 Bürokraft, § 179 Abs. 3 S. 3 SGB IX

Eine Bürokraft – auch wenn das für Sie jetzt möglicherweise enttäuschend ist – steht beileibe nicht jeder SBV zu. Auch hier greift wieder die Voraussetzung der „Erforderlichkeit". Und wieder begegnet uns der „vernünftige Dritte". Entscheidende Kriterien sind insbesondere der tatsächliche Arbeitsanfall und die individuellen Fähigkeiten und Kenntnisse der Vertrauensperson.

Unter Umständen genügt eine Bürokraft in Teilzeit oder stundenweise.

Aufgaben der Bürokraft können z. B. sein:

- Schriftverkehr erledigen
- Erstellung von Unterlagen
- Aktenverwaltung
- Vor-/Nachbereitung von Besprechungen
- Datenpflege/Intranet
- Terminkoordinierung
- Organisation von Reisen

Ausgesucht wird die Bürokraft durch den Arbeitgeber unter Beteiligung der Vertrauensperson (Grundsatz der engen Zusammenarbeit mit dem Arbeitgeber nach § 182 SGB IX). Das Direktionsrecht liegt dann – solange es um SBV-Aufgaben geht – bei der SBV.

Wichtig: Da es für die Bürokraft keine gesonderte Verschwiegenheitspflicht gibt, sollte eine solche im Arbeitsvertrag vereinbart werden. Nötigenfalls vereinbaren Sie dies selbst mit Ihrer Bürokraft.

Die Schwerbehindertenvertretung hat einen Anspruch auf Zurverfügungstellung geeigneten Büropersonals. Dazu gehört es auch, das Büropersonal im erforderlichen Umfang zu qualifizieren, soweit dafür Bedarf besteht. Durch den Arbeitgeber sind die dazu notwendigen Kosten zu tragen.[20]

4.2.1.3 Exkurs: Literatur und Internetseiten für die SBV

Hier möchte ich Ihnen ein paar sinnvolle Bücher und Internetseiten für Ihre SBV-Bibliothek empfehlen. Ohne Anspruch auf Vollständigkeit, versteht sich.

Besonders bei der Fachliteratur sollten Sie darauf achten, stets die aktuelle Auflage zur Hand zu haben.

Gesetzestexte in der jeweils aktuellen Auflage

- Gesetzessammlung für die betriebliche Praxis: Arbeitsrecht – Sozialrecht – Wirtschaftsrecht von Martin Habermayr, Cornelia Huber, Peter Knoop, aktuelle Auflage (ca. 24,90 €)
- Arbeitsgesetze ArbG: mit den wichtigsten Bestimmungen zum Arbeitsverhältnis, Kündigungsrecht, Arbeitsschutzrecht, Berufsbildungsrecht, Tarifrecht, ... und Verfahrensrecht (dtv Beck Texte), aktuelle Auflage (ca. 14,90 €)

---

[20] LAG Berlin-Brandenburg v. 03.11.2022 – Az. 26 TaBV 751/22

- Das gesamte Sozialgesetzbuch, SGB I bis SGB XIV (Walhalla), aktuelle Auflage (ca 23,95 €)
- Das gesamte Behinderten- und Rehabilitationsrecht (Walhalla), aktuelle Auflage (ca. 23,95 €)

Kommentare

- Feldes/Helbig/Krämer/Krämer/Ördög, Schwerbehindertenrecht, Basiskommentar zum SGB IX (Teil 3), aktuelle Auflage (ca. 58,00 €)
- Dau/Düwell, Sozialgesetzbuch IX, Rehabilitation und Teilhabe von Menschen mit Behinderungen, SGB IX / SchwbVWO / BGG, Lehr- und Praxiskommentar, aktuelle Auflage (ca. 159,00 €)
- Fitting, Betriebsverfassungsgesetz mit Wahlordnung, Handkommentar, aktuelle. Auflage (ca. 140,00 €)

Kostenlose Literatur der Integrationsämter

Interessante Literatur können Sie bei den Integrationsämtern anfordern oder herunterladen unter:

www.bih.de/integrationsaemter/medien-und-publikationen/publikationen/

Internetseiten

- www.bundesarbeitsgericht.de (Bundesarbeitsgericht, interessant sind hier v. a. die Pressemitteilungen im Bereich „Presse")
- www.behindertenbeauftragter.de (Beauftragter der Bundesregierung)
- www.bmas.de (Bundesministerium für Arbeit und Soziales)
- www.kobinet-nachrichten.org (Onlinenachrichten zu Fragen der Behinderung)
- www.rehadat.de (Info-Datenbank zur beruflichen Reha)
- https://soziales.niedersachsen.de/startseite/service_kontakt/ortsverzeichnis_deutschland_nach_zustandigen_versorgungsamtern/ortsverzeichnis-deutschland-54.html (Suche nach zuständigen Versorgungsämtern)
- www.integrationsaemter.de (Integrationsämter)
- www.arbeitsagentur.de/menschen-mit-behinderungen (Bundesagentur für Arbeit)

4.2.2 Sprechstunden der SBV, Gespräche mit Kollegen

Im Gegensatz z. B. zum Betriebsrat (vgl. § 39 BetrVG) ist für die SBV eine spezielle Regelung zur Abhaltung von Sprechstunden nicht vorhanden. Allerdings lässt sich ein Recht zur Abhaltung von Sprechstunden aus §§ 178 Abs. 1 S. 1; 179 Abs. 9 SGB IX herleiten.

Praxis-Tipp:

Bei Ihrer Überlegung, ob Sie Sprechstunden anbieten möchten, sollten Sie berücksichtigen, dass es immer einer gewissen Anlaufzeit bedarf. Machen Sie einen Probelauf von zumindest sechs Monaten. Wenn dann keine Resonanz kommt, können Sie das Experiment immer noch beenden.

Was könnte Betroffene hindern, in die SBV-Sprechstunde zu kommen?

Nun, das kann verschiedene Gründe haben:

- Die SBV-Sprechstunde ist nicht bekannt – machen Sie Werbung!
- Die Institution SBV ist nicht bekannt – betreiben Sie Öffentlichkeitsarbeit (vgl. 4.2.5)!
- Betroffene möchten sich nicht als Behinderte „outen" (vgl. dazu 1.4).

Die Erfahrung zeigt: Oftmals wird die angebotene Sprechstunde auch deshalb nicht genutzt, da man ja seine Anliegen auch „eben mal so, wenn man sich auf dem Gang/in der Kantine/auf dem Parkplatz trifft", vorbringen kann.

Wenn das für Sie in Ordnung ist, dann ist es gut. Denken Sie nur daran, dass Sie sich für SBV-Tätigkeit eigentlich bei Ihrem Vorgesetzten abmelden müssten (vgl. 4.1.9.1).

Mitunter kann dieses „immer im Amt sein" jedoch anstrengend werden. Scheuen Sie sich nicht, in derartigen Situationen z. B. auf Ihre Sprechstunde zu verweisen, oder vereinbaren Sie einen Termin. Auch Sie haben neben Ihrem Ehrenamt meist noch einen normalen Job zu erledigen.

Weisen Sie dabei gerne auch auf Ihre Verschwiegenheitspflicht hin und gehen Sie mit diesem Thema sensibel um. Denn nicht immer ist die Kantine der ideale Ort, um vertrauliche Dinge zu besprechen.

4.2.3 Datenschutz in der SBV-Arbeit

Datenschutz – das böse Gespenst, das naturgemäß auch im Rahmen der SBV-Arbeit eine wichtige Bedeutung hat. Schon oben (vgl. 4.1.8) haben wir uns mit den Geheimhaltungspflichten beschäftigt. Nun also zum Datenschutz direkt.

Einfach formuliert bedeutet Datenschutz:
Es ist erst einmal alles verboten – außer es ist ausnahmsweise erlaubt („Verbot mit Erlaubnisvorbehalt").

4

Häufig werden Ihnen als Vertrauensperson personenbezogene Daten bekannt. Oft sogar besonders schützenswerte Gesundheitsdaten Ihrer „Schäfchen" (vgl. Art. 4 Nr. 15, Art. 9 DSGVO).

4.2.3.1 Besondere Kategorien personenbezogener Daten, Art. 9 DSGVO

Als SBV werden Sie es recht häufig mit besonderen Kategorien personenbezogener Daten zu tun bekommen. Diese besonders schutzbedürftigen Daten sind in Art. 9 DSGVO geregelt.

Dabei kann man grob drei Fallgruppen bilden:

- Daten, aus denen die rassische und ethnische Herkunft, politische Meinungen, religiöse oder weltanschauliche Überzeugungen oder die Gewerkschaftszugehörigkeit hervorgehen
- Genetische Daten und biometrische Daten zur eindeutigen Identifizierung einer natürlichen Person
- **Gesundheitsdaten**, Daten zum Sexualleben oder der sexuellen Orientierung einer natürlichen Person

Der Grundsatz für besondere Kategorien personenbezogener Daten lautet:

Die Datenverarbeitung ist untersagt!

Doch es gibt Ausnahmen, welche vor allem in Art. 9 Abs. 2 DSGVO geregelt sind. Dies sind insbesondere:

- Die ausdrückliche Einwilligung, Art. 9 Abs. 2 lit a) DSGVO
- Arbeitsrecht und Sozialschutz, Art. 9 Abs. 2 lit b) DSGVO; §§ 22, 26 Abs. 3 BDSG

- Tendenzunternehmen, Art. 9 Abs. 2 lit d) DSGVO (z. B. dürfen Kirchen, Parteien, Gewerkschaften im Rahmen ihrer Tätigkeiten entsprechende Daten wie Kirchen- oder Gewerkschaftszugehörigkeit verarbeiten)
- Geltendmachung, Ausübung, Verteidigung von Rechtsansprüchen, Art 9 Abs. 2 lit f) DSGVO.
- Arbeitsmedizin, Gesundheitsvorsorge, Beurteilung der Arbeitsfähigkeit, Art. 9 Abs. 2 lit h) DSGVO; § 22 Abs. 3 BDSG

4.2.3.2 Wie damit umgehen?

Wie alle anderen Stellen Ihres Unternehmens müssen auch Sie in der SBV darauf achten, mit personenbezogenen Daten der Kollegen datenschutzkonform umzugehen.

Dabei sind die allgemeinen Datenschutzgrundsätze des Art. 5 DS-GVO einzuhalten.

Hierzu gehört u. a., dass Sie in jedem Einzelfall prüfen müssen, ob eine datenverarbeitende Tätigkeit „erlaubt" ist.

Beispiel:

Die SBV legt häufig eine Schwerbehindertenkartei an. Damit werden wir uns noch weiter unten (vgl. 4.2.4) beschäftigen. Darin werden Daten der (schwer-)behinderten bzw. von gleichgestellten Kollegen gesammelt und erfasst. Eine derartige Kartei ist gesetzlich jedoch nicht vorgesehen. Datenschutzrechtlich ist es im Normalfall unzulässig, ohne besonderen Anlass oder Notwendigkeit eine solche Kartei anzulegen.

4.2.3.3 Problemlösung häufig: Zustimmung geben lassen!

Damit die Aufnahme der Daten z. B. in eine Schwerbehindertenkartei datenschutzrechtlich zulässig wird, benötigen Sie in jedem Einzelfall die vorherige **ausdrückliche** Zustimmung des betroffenen (Schwer-)Behinderten/Gleichgestellten. Natürlich schriftlich.

In der Einwilligungserklärung muss Folgendes enthalten sein:

- Für welchen Verwendungszweck werden
- welche Daten erhoben und
- wer ist berechtigt, diese Daten einzusehen?

- Hinweis, dass die Einwilligung jederzeit widerrufbar ist,
- eigenhändige Unterschrift des Betroffenen.

Sinnvollerweise bewahren Sie in der SBV die Zustimmungserklärung zusammen mit der entsprechenden Akte auf. Unten im Abschnitt 4.2.4 finden Sie ein Beispiel für eine Datenschutzerklärung.

4.2.3.4 (Wie) Schützen Sie die Daten vor unbefugtem Zugriff!?

Als SBV werden Sie im Rahmen Ihrer Tätigkeit immer wieder personenbezogene Daten von bzw. über Kollegen erhalten. Diese müssen selbstredend sicher verwahrt werden und dürfen unbefugten Dritten nicht zugänglich sein. Doch wie können Sie dies sicherstellen?

Akten, Schriftstücke, Protokolle etc., welche personenbezogene Daten Ihrer Kollegen enthalten, müssen in einem abschließbaren Schrank gelagert werden. Zu diesem darf **nur die SBV** Zugang haben. Also die Vertrauensperson und – je nach Berechtigung im Verhinderungsfall oder bei Heranziehung – auch der Stellvertreter.

4.2.3.5 Treffen Sie Vorsorge zum Schutz der Daten am Ende Ihrer Amtszeit!

Die gelagerten Daten könnten nur an den Amtsnachfolger übergeben werden, wenn die Betroffenen vorher schriftlich zustimmen.

Andernfalls können die Unterlagen entweder datenschutzkonform vernichtet (dies bitte dokumentieren und schriftlich bestätigen) oder an die jeweiligen Kollegen zurückgegeben werden.

4.2.3.6 Datenweitergabe an den Stellvertreter?

Knifflig ist die Frage, ob und wenn ja, welche Daten zwischen Vertrauensperson und Stellvertretern ausgetauscht werden dürfen. Dies ist insbesondere wichtig, um eine sachgerechte Vertretung der Vertrauensperson sicherzustellen.

Eine Universallösung gibt es hier leider nicht. Es kommt – wie so oft – darauf an. Um welche Daten geht es? Wofür braucht der Stellvertreter Zugang dazu?

Praxis-Tipp:

Um eine dienliche SBV-Arbeit leisten zu können, sollten Sie als Vertrauensperson von jedem Betroffenen vorab eine unterschriebene Einwilligungserklärung einholen, in welcher der Vertrauensperson und dem/den Stellvertreter/n Zugriff auf sämtliche Daten gestattet wird.

In der Erklärung ist außerdem ausdrücklich aufzuführen, welche Daten zu welchen Zwecken erhoben werden können.

4.2.3.7 Dokumentation

In Art. 5 Abs. 2 der in ganz Europa geltenden Datenschutzgrundverordnung (DSGVO) wird der Grundsatz der „Rechenschaftspflicht" definiert. Danach gilt, dass Verantwortliche für die Einhaltung bestimmter Datenschutzgrundsätze (aus Art. 5 Abs. 1 DSGVO) verantwortlich sind und deren Einhaltung nachweisen (können) müssen. Art. 24 Abs. 1 DSGVO greift diese Pflicht auf, indem weiter präzisiert wird, dass Verantwortliche in der Pflicht stehen, den Nachweis dafür zu erbringen, dass die Datenverarbeitung gemäß den Vorgaben der DSGVO erfolgt.

Das bedeutet für die SBV letztlich, dass sie ihre datenschutzrechtlichen Tätigkeiten dokumentieren sollte. Dazu gehört es, dass – obwohl natürlich der Arbeitgeber letztlich der Verantwortliche ist – die SBV in eigenem Interesse ein Verarbeitungsverzeichnis i. S. v. Art. 30 Abs. 1 DSGVO führen sollte. Oder wollen Sie etwa, dass der Arbeitgeber das in Ihrem Bereich für Sie erledigt? Zu den notwendigen Inhalten darf auf die Norm verwiesen werden:

§

Art. 30 DSGVO Verzeichnis von Verarbeitungstätigkeiten

„Jeder Verantwortliche und gegebenenfalls sein Vertreter führen ein Verzeichnis aller Verarbeitungstätigkeiten, die ihrer Zuständigkeit unterliegen. Dieses Verzeichnis enthält sämtliche folgenden Angaben:

a) den Namen und die Kontaktdaten des Verantwortlichen und gegebenenfalls des gemeinsam mit ihm Verantwortlichen, des Vertreters des Verantwortlichen sowie eines etwaigen Datenschutzbeauftragten;

b) die Zwecke der Verarbeitung;

c) eine Beschreibung der Kategorien betroffener Personen und der Kategorien personenbezogener Daten;

d) die Kategorien von Empfängern, gegenüber denen die personenbezogenen Daten offengelegt worden sind oder noch offengelegt werden, einschließlich Empfänger in Drittländern oder internationalen Organisationen;

e) gegebenenfalls Übermittlungen von personenbezogenen Daten an ein Drittland oder an eine internationale Organisation, einschließlich der

Angabe des betreffenden Drittlands oder der betreffenden internationalen Organisation, sowie bei den in Artikel 49 Absatz 1 Unterabsatz 2 genannten Datenübermittlungen die Dokumentierung geeigneter Garantien;

f) wenn möglich, die vorgesehenen Fristen für die Löschung der verschiedenen Datenkategorien;

g) wenn möglich, eine allgemeine Beschreibung der technischen und organisatorischen Maßnahmen gemäß Artikel 32 Absatz 1."

Eine entsprechende Vorlage für ein Verarbeitungsverzeichnis besorgen Sie sich am besten bei Ihrem betrieblichen Datenschutzbeauftragten.

Praxis-Tipp:

Zudem sollten Sie eine „Handzeichenliste" führen. Also eine Liste, auf der sämtliche Mitglieder der SBV – auch z. B. nachgewählte Stellvertreter – mit Namen und Unterschrift gelistet sind. Damit kann später nachvollzogen werden, wer welche Tätigkeiten ausgeübt hat.

4.2.3.8 Datenschutz und Information der SBV durch den Arbeitgeber

Gelegentlich versuchen Arbeitgeber, ihren Informationspflichten gegenüber der SBV dadurch zu entgehen, dass sie unter Hinweis auf „den Datenschutz" die Herausgabe der Informationen verweigern. Nach § 26 Abs. 6 BDSG bleiben die Informationspflichten gegenüber Interessenvertretungen der Arbeitnehmer – also auch der SBV – jedoch unberührt. Das bedeutet für die SBV: Dort, wo der Arbeitgeber Informations- und Beteiligungspflichten hat, kann er sich nicht auf den Datenschutz berufen.

Sofern die SBV Auskünfte vom Arbeitgeber verlangt, kann der Arbeitgeber nach einer Entscheidung des BAG[21] allerdings zumindest dann, wenn eine besondere Kategorie personenbezogener Daten (s. o. 4.2.3.1) umfasst, verlangen, dass die SBV zur Wahrung der Interessen der von der Datenverarbeitung betroffenen Arbeitnehmer angemessene und spezifische Schutzmaßnahmen trifft. Gerade in

---

21 BAG v. 09.04.2019 – Az. 1 ABR 51/17 zur Informationspflicht des Betriebsrats

Bezug auf schwerbehinderte Menschen wird dies häufig der Fall sein.

Hinweis: Soweit Sie sich in Ihrem gesetzlichen Aufgabenbereich bewegen bzw. in diesem Rahmen tätig sind (z. B. im Rahmen der Beteiligung nach § 178 Abs. 2 SGB IX) ist die Datenverarbeitung durch Sie natürlich zulässig. Allerdings müssen Sie auch in diesem Fall naturgemäß die gesetzlichen Rahmenbedingungen einhalten.

4.2.4 Anlage einer Schwerbehindertenkartei

Mit der datenschutzrechtlichen Problematik einer Schwerbehindertenkartei haben wir uns ja eben schon befasst. Manchmal kann eine solche Kartei durchaus sinnvoll sein.

Hinweis: Es ist Ihre Entscheidung, ob Sie eine solche Kartei anlegen möchten. Vielen Vertrauenspersonen scheuen sich vor den doch recht hohen datenschutzrechtlichen Hürden und Gefahren.

Stellen Sie sich vor, der betroffene Schwerbehinderte/Gleichgestellte ist im Urlaub, dauerkrank, im Krankenhaus etc. und Sie sollen eine Stellungnahme abgeben:

- gegenüber dem Integrationsamt im Rahmen von Anträgen des Arbeitgebers auf Zustimmung zur Kündigung,
- gegenüber der Bundesagentur für Arbeit im Rahmen von einem Gleichstellungsantrag des Betroffenen,
- gegenüber dem Arbeitgeber im Rahmen der Beteiligung/Anhörung der SBV nach § 178 Abs. 2 SGB IX.

Den Betroffenen selbst können Sie zu seinen Einschränkungen und seiner Situation nicht befragen. Also: Wo bekommen Sie Ihre Informationen her? Aus Ihrer Schwerbehindertenkartei!

Dabei ist Folgendes zu beachten (haben Sie dabei bitte immer im Hinterkopf, dass die datenschutzrechtlichen Vorgaben der DSGVO auch für Papierdaten gelten!):

- Führen Sie die Kartei am besten rein in Papierform, vermeiden Sie die elektronische Speicherung (Papierdaten lassen sich einfacher und rückstandsfreier entsorgen).
- Bewahren Sie die Kartei in einem abschließbaren, nur für die SBV zugänglichen Schrank auf. Achten Sie darauf, dass es sich um

ein sicheres Schloss handelt. Idealerweise verwenden Sie einen feuerfesten Schrank.

- Lassen Sie den Betroffenen die Datenschutzerklärung unterzeichnen. Füllen Sie am besten das Formular mit diesem zusammen aus.
- Entsorgen Sie am Ende Ihrer Amtszeit die Kartei datenschutzrechtlich korrekt oder geben Sie das jeweilige Karteiblatt an den Betroffenen zurück und dokumentieren Sie dies schriftlich. Im Falle der Rückgabe an den Betroffenen lassen Sie sich diese quittieren.

- Scheidet ein Betroffener aus dem Betrieb endgültig aus (z. B. bei Eigenkündigung, abgeschlossenem Kündigungsschutzprozess), vernichten Sie das entsprechende Karteiblatt oder geben Sie es dem Betroffenen zurück. Auch das dokumentieren Sie bitte schriftlich. Im Falle der Rückgabe an den Betroffenen lassen Sie sich diese quittieren.

Nachfolgend nun ein Vorschlag für eine Schwerbehindertenkartei mit Datenschutzerklärung (ohne Gewähr):

<table>
<tr><td colspan="6">Schwerbehindertenkartei</td></tr>
<tr><td colspan="6">Zur Person</td></tr>
<tr><td colspan="2">Name, Vorname</td><td colspan="2">Geburtsdatum</td><td colspan="2">Familienstand</td></tr>
<tr><td colspan="4">Anschrift</td><td colspan="2">Telefon/Handy</td></tr>
<tr><td colspan="3">Erlernter Beruf</td><td colspan="3">Besondere Fachkenntnisse</td></tr>
<tr><td colspan="3">Eingestellt am</td><td colspan="3">Personalschlüssel</td></tr>
<tr><td colspan="6">Zur Behinderung</td></tr>
<tr><td colspan="2">Versorgungsamt</td><td colspan="2">Bescheid vom</td><td colspan="2">Az.</td></tr>
<tr><td>GdB:</td><td>Merkzeichen</td><td>gültig bis</td><td>GdB:</td><td>Merkzeichen</td><td>gültig bis</td></tr>
<tr><td colspan="2">Gleichstellung O ja O nein</td><td colspan="2">Arbeitsagentur</td><td>Bescheid vom</td><td>Az.</td></tr>
<tr><td colspan="4">Art der Behinderung (lt. Feststellung Versorgungsamt):</td><td colspan="2">Sonstige Behinderungen (noch nicht festgestellt)</td></tr>
<tr><td colspan="6">Falls noch keine Feststellung des GdB / der Gleichstellung vorliegt:</td></tr>
<tr><td colspan="3">Antrag auf Feststellung des GdB gestellt</td><td>bei</td><td>am</td><td>Az.</td></tr>
<tr><td colspan="3">Antrag auf Gleichstellung gestellt</td><td>bei</td><td>am</td><td>Az.</td></tr>
<tr><td colspan="3">Bergmannversorgungsschein</td><td>vom</td><td colspan="2">Az.</td></tr>
</table>

<table>
<tr><td colspan="3">Bei Tätigkeit generell zu beachtende Einschränkungen (z. B. keine Nachtschicht, keine Arbeit im Stehen):</td></tr>
<tr><td colspan="3">Zur beruflichen Situation</td></tr>
<tr><td>Betrieb/Abteilung</td><td>von bis</td><td>Arbeitsplatz</td></tr>
<tr><td colspan="2">Beschreibung der Tätigkeit</td><td>Tarifgruppe</td></tr>
<tr><td colspan="3">Probleme am Arbeitsplatz (z.B. Tragen schwerer Lasten, ungeeigneter Bürostuhl)</td></tr>
<tr><td colspan="3">Bisherige Maßnahmen (z.B. Hebegerät, höhenverstellbarer Schreibtisch)</td></tr>
<tr><td colspan="3">Datenschutzerklärung /
Zustimmung zur Erhebung und Verwendung der oben genannten Daten</td></tr>
<tr><td colspan="3">Die in dieser Schwerbehindertenkartei aufgenommenen Daten (s. o.) dienen dazu, der Schwerbehindertenvertretung (SBV) im Betrieb [Name, Rechtsform, Adresse des Arbeitgebers]die notwendigen Informationen zur Verfügung zu stellen, um die Abfassung von Stellungnahmen der SBV in folgenden Bereichen vornehmen zu können:

Stellungnahmen gegenüber den Integrationsämtern im Rahmen von Anträgen des Arbeitgebers auf Zustimmung zur Kündigung.Stellungnahmen gegenüber der Bundesagentur für Arbeit im Rahmen von Gleichstellungsanträgen. Stellungnahmen gegenüber dem Arbeitgeber im Rahmen der Beteiligung/Anhörung der SBV nach § 178 Abs. 2 SGB IX, wobei dem Arbeitgeber Diagnosen nicht mitgeteilt werden.

Nichzutreffende Alternative bitte streichen

Alternative 1: Berechtigt zur Einsichtnahme in diese Schwerbehindertenkartei sind sämtliche Mitglieder der SBV (Vertrauensperson / Stellvertreter) während der Amtszeit der SBV in der Legislaturperiode 20xx-20xx.

Alternative 2: Berechtigt zur Einsichtnahme in diese Schwerbehindertenkartei sind sämtliche Mitglieder der SBV (Vertrauensperson / Stellvertreter) der zum Zeitpunkt meiner Unterschrift im Amt befindlichen SBV. Ich bin ausdrücklich damit einverstanden, dass mein Datenblatt der nachfolgenden SBV für die vorgenannten Zwecke übergeben wird.

Mit Beendigung der Amtszeit (Alternative 1) bzw. mit meinem Widerruf (beide Alternativen) wird die Schwerbehindertenkartei – soweit mich betreffend – an mich zurückgegeben oder in datenschutzrechtlich zulässiger Weise vernichtet. Das Gleiche gilt, wenn ich endgültig aus dem Betrieb ausscheide.

Meine hiermit erteilte Zustimmung zur Erhebung und Verwendung der oben genannten Daten im Rahmen dieser Datenschutzerklärung kann ich mit Wirkung für die Zukunft jederzeit ohne Begründung widerrufen.</td></tr>
<tr><td colspan="2"></td><td></td></tr>
<tr><td colspan="2">Ort, Datum</td><td>Eigenhändige Unterschrift Betroffener</td></tr>
</table>

4.2.5 Öffentlichkeitsarbeit und Schwerbehindertenversammlung

4.2.5.1 Öffentlichkeit für die SBV

Getreu dem amerikanischen Charity-Motto *„Tue Gutes und – vor allem – rede drüber"* sollten Sie sich und Ihre Arbeit im Betrieb bekannt machen.

Denn nur, wer Sie, Ihr Amt und Ihre Tätigkeiten bzw. Angebote kennt, kann zu Ihnen kommen.

Dabei sollten Sie darauf achten, dass man Sie in der gesamten Belegschaft kennt bzw. kennen lernt.

4 Hierfür gibt es ein paar verhältnismäßig einfache Marketing-Tools, die Sie mit ein wenig Zeitaufwand selbst erstellen können:

- Aushänge am schwarzen Brett oder Texte auf der Infoseite im Intranet – z. B. mit kurzen Infos über die Aufgaben und Angebote der SBV und zu Vertrauensperson und Stellvertreter(n). Vielleicht auch – wenn vorhanden – mit einem netten Foto von Ihnen.
- Rundschreiben/Rund-E-Mails
- Betriebsrundgang – wobei Sie hier darauf achten sollten, nicht gezielt die Ihnen bekannten Schwerbehinderten/Gleichgestellten aufzusuchen. Denn möglicherweise möchten diese nicht von Ihnen „geoutet" werden ... . Vielleicht schließen Sie sich einfach dem Rundgang des Arbeitsschutzausschusses (ASA) an. Das ist unverdächtig und dennoch lernen Sie Ihre Kollegen kennen – und diese Sie.
- Rede, Vorstellung auf Betriebs-/Personalversammlung (vgl. § 178 Abs. 8 SGB IX): Hier sollten Sie darauf achten, dass Ihr Vortrag der längste und langweiligste von allen ist ... Oder besser im Gegenteil: Bereiten Sie Ihren Vortrag so vor, dass nachher alle sagen: „Die SBV war heute die Beste!". Halten Sie Ihre Rede kurz, informativ und vielleicht auch ein wenig humorvoll. Auch das Thema Behinderung muss nicht immer bierernst sein!
- Beiträge in Mitarbeiterzeitung
- Versammlung der schwerbehinderten Menschen (vgl. 4.2.5.2)
- „Corporate Identity": Schaffen Sie sich ein Logo/Design, an dem Sie schnell wiederzuerkennen sind und verwenden Sie dieses für sämtliche Schriftstücke, Präsentationen, Visitenkarten etc.

4.2.5.2 Schwerbehindertenversammlung

Gemäß § 178 Abs. 6 SGB IX hat die SBV das Recht, Versammlungen schwerbehinderter Menschen („Schwerbehindertenversammlung") durchzuführen.

Im Gegensatz zum Betriebs-/Personalrat besteht dazu jedoch keine übersteigerte Pflicht.

Eine Versammlung pro Jahr ist zwar verpflichtend,[22] aber auch ausreichend.

Der Betriebsrat dagegen muss z. B. einmal pro Quartal eine Betriebsversammlung abhalten.

Teilnehmer sind

- alle Schwerbehinderten/Gleichgestellten des Betriebs bzw. der Dienststelle
- der Arbeitgeber und der Inklusionsbeauftragte des Arbeitgebers (§ 181 SGB IX), inklusive Rederecht und der Pflicht, über Situation der Schwerbehinderten/Gleichgestellten im Betrieb zu berichten, § 166 Abs. 4 SGB IX
- Gesamt-, Haupt-, Bezirks-SBV
- Betriebs-/Personalrat
- Beauftragte der im Betrieb vertretenen Gewerkschaften
- gegebenenfalls – auf Einladung der SBV – Referenten zu verschiedenen Themen (z. B. Inklusionsamt, Rentenberater, Betriebsarzt, Vertreter von Sozialverbänden). Bitte klären Sie hier vorab eventuell entstehende Kosten ab.

Von den **Themen** her geht es in erster Linie um den Tätigkeitsbericht der SBV.

Darüber hinaus können Sie Themen auf die Tagesordnung setzen, die die Schwerbehinderten/Gleichgestellten Ihres Betriebs/Ihrer Dienststelle berühren.

Auch wirtschaftliche und tarifpolitische Themen können besprochen werden, da davon auszugehen ist, dass Themen, welche die Arbeitnehmer des Betriebs/der Dienststelle betreffen, die Gruppe der Schwerbehinderten/Gleichgestellten oft besonders berühren.[23]

---

[22] Feldes, § 178 RdNr. 42

[23] Feldes, § 178 RdNr. 54

Hauptzwecke der Schwerbehindertenversammlung sind natürlich die Information der Schwerbehinderten/Gleichgestellten und die Darstellung der Arbeit der SBV. Aber auch die Öffentlichkeitsarbeit und der Austausch mit den Betroffenen sind wichtige Elemente.

Praxis-Tipp:

Kommt es im Betrieb zu Problemen, kann die Schwerbehindertenversammlung auch zum Austausch mit dem Arbeitgeber genutzt werden. Da zu befürchten ist, dass viele Kollegen sich nicht trauen, ihre Probleme auf der Versammlung vor allen anderen anzusprechen, könnten Sie vorab eine „Kummerbox"

anbieten. Die Kollegen können dann ihre Themen vorab schriftlich einreichen und Sie sprechen diese dann auf der Versammlung an.

Noch ein Wort zu den **Terminen/zur Häufigkeit**:

Sie haben das Recht auf mindestens eine Versammlung pro Jahr. Diese eine Versammlung ist verpflichtend, auch wenn der Wortlaut des § 178 Abs. 6 SGB IX etwas anderes nahelegt.[24] Sofern eine betriebliche Notwendigkeit besteht, können Sie auch weitere Versammlungen durchführen.

Wichtig: Machen Sie nur dann eine Versammlung, wenn es auch wirklich etwas zu besprechen gibt. Denn: Eine „langweilige" Versammlung führt oft dazu, dass beim nächsten Mal niemand mehr kommt.

Auf Wunsch des Arbeitgebers oder eines Viertels der Wahlberechtigten (Schwerbehinderte/Gleichgestellte) sind Sie verpflichtet, eine Versammlung einzuberufen (vgl. §§ 178 Abs. 6 SGB IX; 43 Abs. 3 BetrVG/49 Abs. 2 BPersVG).

Die Versammlung ist grundsätzlich während der Arbeitszeit durchzuführen, nur ganz ausnahmsweise außerhalb der Arbeitszeit.

Die SBV legt den Zeitpunkt der Versammlung fest, sollte dabei aber natürlich die betrieblichen Belange berücksichtigen.

[24] Feldes, § 178 RdNr. 42

Beispiel:

Ein Samstag vor Weihnachten ist in einem Kaufhaus vielleicht nicht der beste Zeitpunkt, eine Versammlung durchzuführen.

Die **Kosten** der Versammlung trägt der Arbeitgeber.

Er hat einen ausreichend großen **Raum** – möglichst barrierefrei – nebst Bestuhlung und (falls erforderlich) entsprechender Technik zur Verfügung zu stellen. Ist ein solcher Raum im Betrieb nicht vorhanden, trägt der Arbeitgeber die Kosten für die Anmietung eines entsprechenden Versammlungsraumes.

Die Zeit der Teilnahme und eventuell anfallende zusätzliche Fahrtkosten oder Wegezeiten, welche allein wegen der Teilnahme an der Versammlung anfallen, sind vom Arbeitgeber wie normale **Arbeitszeit** zu vergüten; §§ 178 Abs. 6 SGB IX; 44 BetrVG/50 BPersVG.

Die **Versammlungsleitung** obliegt der Vertrauensperson, welche diese jedoch auf einen Stellvertreter zeitweilig oder auch für die gesamte Versammlung übertragen kann.[25]

4.3 Kontakte: Wer gehört auf die SBV-Telefonliste?

Zugegeben, eine etwas merkwürdige Überschrift. Doch letztlich geht es in diesem Abschnitt um die Frage:

Wer sind Ihre internen und externen Ansprechpartner?

Und da kann es nicht schaden, wenn Sie sich wirklich eine Telefonliste zusammenstellen.

Praxis-Tipp:

Hilfreich ist es, wenn Sie Ihre Ansprechpartner schon kennen lernen, bevor Sie etwas „von ihnen wollen". Melden Sie sich doch einfach mal ohne Anlass – z. B. bei Ihrem zuständigen Integrationsamt oder dem Integrationsfachdienst – und stellen Sie sich vor. So schaffen Sie Ihr Netzwerk mit einem positiv im Gedächtnis bleibenden Anruf – und haben gleich eine Durchwahl.

[25] Feldes, § 178 RdNr. 49

4.3.1 Interne Partner der SBV

Innerhalb Ihres Betriebes/Ihrer Dienststelle gibt es einige Personen/Institutionen, mit denen Sie öfters zu tun haben werden.

Böse ausgedrückt, werden Sie öfters mit den „uncoolen Kids" zusammenarbeiten. Das sind oft Institutionen, die bei den Kollegen (leider) nicht so wahnsinnig beliebt sind. Denken Sie da nur z. B. an die Fachkraft für Arbeitssicherheit, den Betrierbsarzt, den Datenschutzbeauftragten oder den Qualitätsmanagementbeauftragten, die Themen bearbeiten, welche häufig als lästig empfunden werden. Gerade die Riege der „Beauftragten" sind jedoch wichtige Partner für Sie. Und „uncool" sind diese beileibe nicht!

4.3.1.1 Inklusionsbeauftragter des Arbeitgebers

Wie die Praxis zeigt, ist das Amt – oder zumindest die Person – des Inklusionsbeauftragten vielen Schwerbehindertenvertretungen leider unbekannt. Oftmals sogar dem Arbeitgeber.

Jedoch muss (beinahe) jeder[26] Arbeitgeber nach § 181 SGB IX einen Inklusionsbeauftragten bestellen. Die bestellte Person ist dem für den Sitz des Unternehmens zuständigen Integrationsamt und der Agentur für Arbeit mitzuteilen, § 163 Abs. 8 SGB IX.

Die Nichtbenennung stellt eine Ordnungswidrigkeit i. S. v. § 238 Abs. 1 Nr. 6 SGB IX dar. Damit ist indirekt auch die Nichtbestellung eines Inklusionsbeauftragten mit Bußgeldern bedroht, denn ohne Bestellung kann auch nicht benannt werden.

4.3.1.1.1 Bestellung und Abberufung

Die Bestellung des Inklusionsbeauftragten erfolgt einseitig durch den Arbeitgeber. Dieser muss allerdings sicherstellen, dass die Person zur Annahme des Amtes bereit ist. Eine gesetzliche Verpflichtung zur Übernahme des Amtes besteht nicht.

In der Praxis wird häufig im Dienst- oder Arbeitsvertrag eine entsprechende Klausel aufgenommen.

Der Inklusionsbeauftragte kann einseitig durch den Arbeitgeber abberufen werden.

---

[26] ausgenommen wohl Kleinarbeitgeber, die keine 20 Arbeitnehmer beschäftigen und von daher auch keine Beschäftigungsquote erfüllen müssen (so Dau, § 181 RdNr. 4)

Ob er das Amt niederlegen kann, ist umstritten.[27]

Sofern die Beauftragung vertraglich vereinbart ist, müsste dies über eine Änderungskündigung erfolgen. Deren Erfolgsaussichten dürften mäßig sein.

Eine Abberufung des Inklusionsbeauftragten kann – mangels gesetzlicher Regelung – nicht vom Betriebs-/Personalrat oder der SBV erzwungen werden.

Die SBV ist jedoch vor der Bestellung/Abberufung gem. § 178 Abs. 2 SGB IX anzuhören und kann eine Stellungnahme abgeben.[28]

4.3.1.1.2 Person des Inklusionsbeauftragten

Gesetzliche Vorgaben gibt es hier nicht.

Nicht in Betracht kommen allerdings – wegen Interessenkollision – die Vertrauensperson bzw. der/die Stellvertreter.

Aus dem gleichen Grund dürften der Arbeitgeber selbst, der Personalchef oder andere Mitarbeitervertreter (Betriebs-/Personalrat) nicht in Frage kommen.[29]

Nach Möglichkeit soll der Inklusionsbeauftragte selbst (schwer-)behindert sein. Er sollte zudem über fachliche Kenntnisse der Materie und über persönliche Zuverlässigkeit und Integrität verfügen.

4.3.1.1.3 Anzahl der Beauftragten

Die Bestellungspflicht trifft den privaten Arbeitgeber als Unternehmer.

Von daher muss in der Regel nur ein Inklusionsbeauftragter für das gesamte Unternehmen bestellt werden.

Es ist jedoch sicherzustellen, dass die in sämtlichen Betrieben beschäftigten Schwerbehinderten/Gleichgestellten einen präsenten Ansprechpartner finden. Deshalb regelt § 181 Satz 1 SGB IX, dass erforderlichenfalls mehrere Beauftragte zu bestellen sind.

---

27 vgl. zum Streitstand: Dau, § 181 RdNr. 20 m. w. N.

28 Dau, § 181 RdNr. 21, 14

29 Dau, § 181 RdNr. 5

4.3.1.1.4 Aufgaben

Der Inklusionsbeauftragte des Arbeitgebers hat darauf hinzuwirken, dass die den Arbeitgeber treffenden Pflichten aus den besonderen Regelungen zur Teilhabe (schwer-)behinderter Menschen des SGB IX erfüllt werden. Zu nennen sind hier insbesondere die Vorschriften der §§ 154, 155, 164, 178 Abs. 5 SGB IX.

Der Inklusionsbeauftragte ist dabei **Berater des Arbeitgebers**. Aber auch Wächter darüber, dass der Arbeitgeber seine Verpflichtungen erfüllt.

Zudem ist er verantwortlicher Vertreter des Arbeitgebers. Er hat also eine Stabsfunktion inne.

Weiterhin ist er nach § 182 SGB IX zur engen Zusammenarbeit mit der Schwerbehindertenvertretung und den Betriebs- oder Personalräten verpflichtet, um die Teilhabe (schwer-)behinderter Menschen am Arbeitsleben zu ermöglichen oder zu verbessern.

Er ist also **Ansprechpartner der SBV auf Arbeitgeberseite**.

Nach § 182 Abs. 2 S. 1 SGB IX hat er auch die Rehabilitationsträger bei der Durchführung ihrer Aufgaben zu unterstützen. Und er ist nach § 182 Abs. 2 S. 2 SGB IX Verbindungsperson zur Bundesagentur für Arbeit und zum Integrationsamt.

Sie sehen also, dafür, dass er häufig so unbekannt ist, hat er ganz schön viel zu tun.

4.3.1.1.5 Ordnungswidrigkeiten

Als verantwortlicher Beauftragter des Arbeitgebers muss der Inklusionsbeauftragte die im SGB IX geregelten Arbeitgeberpflichten erfüllen.

Handelt er pflichtwidrig, so kann die Bundesagentur für Arbeit ihn als „Betroffenen" verwarnen oder gegen ihn persönlich einen Bußgeldbescheid mit Geldbuße verhängen (vgl. § 9 OWiG).

Ein Erstattungsanspruch gegenüber dem Arbeitgeber besteht für den so bestraften Inklusionsbeauftragten insoweit übrigens nicht.

Mögliche Bußgeldvorschriften könnten dabei insbesondere sein:

- Fehlende oder verspätete Unterrichtung der SBV, des Betriebs-/Personalrats über die von der Arbeitsagentur/dem Integrationsfachdienst übermittelten Vermittlungsvorschläge bzw. über die sonstigen Bewerbungen von (schwer-)behinderten Menschen für die Besetzung einer freien Stelle, §§ 238 Abs. 1 Nr. 7 i. V. m. 164 Abs. 1 S. 4; 156 Abs. 1 Nr. 7 SGB IX.

- Nicht, nicht richtige, nicht vollständige oder nicht rechtzeitige Unterrichtung oder nicht oder nicht rechtzeitige Anhörung des SBV nach § 178 Abs. 2, 1. Halbsatz SGB IX.

Exkurs: Das ist übrigens das, was man üblicherweise als „Haftung" des Inklusionsbeauftragten bezeichnet. Auch wenn dies natürlich keine Haftung im zivilrechtlichen Sinn ist.

4.3.1.2 Betriebs-/Personalrat

Der Betriebs-/Personalrat ist einer der wichtigsten Partner der SBV. Daher werden wir uns hier ein wenig genauer mit diesem beschäftigen.

4.3.1.2.1 Zusammenarbeit mit dem Betriebs-/Personalrat, Einfluss auf die Tagesordnung

Gemäß § 182 Abs. 1 SGB IX haben u. a. auch die SBV und der Betriebs-/Personalrat zur Teilhabe der Schwerbehinderten/Gleichgestellten am Arbeitsleben im Betrieb/der Dienststelle eng zusammenzuarbeiten.

Dabei muss man berücksichtigen, dass es zu den ureigenen Aufgaben von Betriebs-/Personalrat gehört, sich auch für die Belange der Schwerbehinderten einzusetzen, §§ 176 SGB IX; 80 Abs. 1 Nr. 4 BetrVG/68 Abs. 1 Nrn. 4, 5 BPersVG.

Betriebs-/Personalrat sollten sich also freuen, wenn sie eine aktive SBV im Betrieb haben. Denn diese nimmt ihnen Arbeit ab, die sie ansonsten selbst erledigen müssten.

Praxis-Tipp:

Häufig kann man hier Synergieeffekte nutzen. So werden z. B. bei Anträgen des Arbeitgebers auf Zustimmung zur Kündigung eines Schwerbehinderten/Gleichgestellten oder bei Gleichstellungsanträgen eines Behinderten üblicherweise SBV **und** Betriebs-/Personalrat angehört.
Stimmen Sie sich untereinander ab! Verfassen Sie Stellungnahmen gemeinsam. So kann man sich viel Arbeit sparen und muss nicht zweimal das Rad neu erfinden.

In § 178 Abs. 4 S. 1 SGB IX heißt es zudem:

§ 178 Abs. 4 S. 1 SGB IX

„(...) sie [die SBV] kann beantragen, Angelegenheiten, die einzelne oder die schwerbehinderten Menschen als Gruppe besonders betreffen, auf die Tagesordnung der nächsten Sitzung zu setzen."

Damit ist klar, dass die SBV die Möglichkeit hat, den Betriebs-/Personalrat dazu zu zwingen, „Schwerbehinderten-Themen" auf der **nächsten** Sitzung zu behandeln.

Dies gilt auch für (zuständige) Ausschüsse.

4 Der Betriebsratsvorsitzende/Personalratsvorsitzende/Ausschussvorsitzende ist zur Aufnahme des von der SBV beantragten Tagesordnungspunktes verpflichtet.[30]

4.3.1.2.2 Teilnahme an Gremiums- und Ausschusssitzungen

§ 178 Abs. 4 S. 1 SGB IX

„Die Schwerbehindertenvertretung hat das Recht, an allen Sitzungen des Betriebs-, Personal-, Richter-, Staatsanwalts- oder Präsidialrates und deren Ausschüssen sowie des Arbeitsschutzausschusses beratend teilzunehmen; (...)."

Die Vorschrift drückt es schon ziemlich klar aus. Und das Ganze wird auch in §§ 32 BetrVG/40 Abs. 1 S. 1 BPersVG nochmals klargestellt.

Die SBV hat also das Recht – nicht aber die Pflicht – an allen Sitzungen des Betriebs-/Personalrats und deren Ausschüssen **beratend** teilzunehmen.

Merke: Völlig unerheblich ist es für das Teilnahmerecht an der Gremiums- oder Ausschusssitzung, ob spezifische Fragen schwerbehinderter Menschen auf der Tagesordnung stehen oder nicht!

Hinweis: Ist die Vertrauensperson (oder der Stellvertreter) selbst Mitglied des Betriebs-/Personalrats, nimmt sie in Doppelfunktion an der Sitzung teil. In ihrer Eigenschaft als Gremiumsmitglied besteht dann natürlich auch Stimmrecht.

---

[30] Feldes, § 178 RdNr. 30

4.3.1.2.3 Welche Ausschüsse?

Zu den Ausschüssen zählen neben dem Betriebsausschuss (vgl. § 27 BetrVG) auch sämtliche anderen Ausschüsse.

Beispiele:

Personalausschuss, Kantinenausschuss, Arbeitszeitausschuss, Überstundenausschuss etc.

Ausdrücklich erwähnt ist im Gesetz auch der **Arbeitsschutzausschuss**. Leider fehlt insoweit in § 11 ASiG (Arbeitssicherheitsgesetz) – welcher den Arbeitsschutzausschuss regelt – der Hinweis auf die SBV. Sie sollten also Ihr Teilnahmerecht erforderlichenfalls unter Hinweis auf § 178 Abs. 4 S. 1 SGB IX einfordern.

Zu den Ausschüssen – an denen die SBV ein Teilnahmerecht hat – zählt nach der herrschenden Meinung der Juristen auch der **Wirtschaftsausschuss**[31] (vgl. §§ 106 ff. BetrVG).

Ist der Wirtschaftsausschuss (was der Normalfall ist) auf Unternehmensebene gebildet und existiert ein Gesamtbetriebsrat und eine Gesamt-SBV, so nimmt diese das Teilnahmerecht wahr.

4.3.1.2.4 Ladung

Die SBV ist zu den Gremiums- und Ausschusssitzungen jeweils rechtzeitig unter Mitteilung der Tagesordnung zu laden (vgl. §§ 29 Abs. 2 S. 3 und 4 BetrVG/34 Abs. 2 S. 3 BPersVG).

4.3.1.2.5 Teilnahme Stellvertreter

Ist die Vertrauensperson verhindert (z. B. auch wegen Terminkollision mit einer anderen Ausschusssitzung, vgl. im Übrigen 4.1.4.2), ist der Stellvertreter teilnahmeberechtigt und zu laden.

Kein Verhinderungsgrund ist es jedoch, wenn die Vertrauensperson/der Stellvertreter selbst Mitglied des Betriebs-/Personalrats ist. Der Gesetzgeber mutet Ihnen hier zu, in einer Doppelfunktion an der Sitzung teilzunehmen.

---

31 Feldes, § 178 RdNr. 32

4.3.1.2.6 Stimmrecht

Ein Stimmrecht für die SBV sieht das Gesetz allerdings nicht vor. Die SBV hat jedoch das Recht zur umfassenden Darstellung des eigenen Standpunktes – ohne Beschränkung auf Fragen schwerbehinderter Menschen.

Ist die Vertrauensperson oder der teilnehmende Stellvertreter selbst zugleich Mitglied des Betriebs-/Personalrats, steht dieser Person natürlich ihr Stimmrecht als Mitglied des Betriebs-/Personalrats zu.

4.3.1.2.7 Aussetzung von Beschlüssen des Betriebs-/Personalrats

4 Die §§ 178 Abs. 4 S. 2 SGB IX; 35 BetrVG/39 BPersVG sehen vor, dass die SBV einen Beschluss des Betriebs-/Personalrats aussetzen kann, wenn

- die SBV den Beschluss als erhebliche Beeinträchtigung wichtiger Interessen der Schwerbehinderten/Gleichgestellten erachtet und
- ihre Bedenken vor der Beschlussfassung dargelegt hat.[32]
- Oder der Arbeitgeber hat die SBV nicht gem. § 178 Abs. 2 S. 1 SGB IX beteiligt[33] und der Betriebs-/Personalrat entscheidet dennoch.

Wie man daran ersehen kann, ist es wichtig, an der Sitzung des Betriebs-/Personalrats teilzunehmen. Ansonsten kann die SBV ihre Bedenken nicht vortragen und dann folgerichtig auch einen belastenden Beschluss nicht aussetzen.

Wichtig: Die *Aussetzung hindert die Umsetzung* des Betriebs-/Personalratsbeschlusses für eine Woche ab Beschlussfassung im Betriebs-/Personalrat. Eine später erklärte Aussetzung hat also keine Wirkung mehr. Laufende Fristen (z. B. nach §§ 99, 102 BetrVG) werden durch die Aussetzung nicht verlängert.

Nach erklärter Aussetzung soll eine Beratung/Verständigung – gegebenenfalls unter Beteiligung der im Betrieb vertretenen Gewerkschaften – erfolgen.

Es erfolgt sodann nach einer Woche eine erneute Beschlussfassung im Betriebs-/Personalrat. Wird der erste Beschluss bestätigt oder

---

32 Fitting, § 35 RdNr. 10 m. w. N.

33 vgl. dazu Abschnitt 5.2.1

nur unerheblich abgeändert, kann der Antrag auf Aussetzung nicht wiederholt werden.

Beispiel:

Der Betriebsrat widerspricht der Beförderung eines schwerbehinderten Mitarbeiters zum Abteilungsleiter gem. § 99 Abs. 2 BetrVG. Auf der Sitzung wurde die Meinung geäußert, man könne doch keinen Behinderten zum Boss machen. Dem hat die SBV vehement widersprochen. Dennoch erfolgte die Abstimmung.

Die SBV setzt den Beschluss aus. Nach Ablauf der Wochenfrist des § 35 BetrVG ist allerdings auch die Widerspruchsfrist des Betriebsrats nach § 99 Abs. 3 S. 1 BetrVG abgelaufen und die Zustimmung des Betriebsrats gilt deshalb nach § 99 Abs. 3 S. 2 BetrVG als erteilt.

4.3.1.2.8 Die SBV auf der Betriebs-/Personalversammlung

§ 178 Abs. 8 SGB IX

„Die Schwerbehindertenvertretung kann an Betriebs- und Personalversammlungen in Betrieben und Dienststellen teilnehmen, für die sie als Schwerbehindertenvertretung zuständig ist, und hat dort ein Rederecht, auch wenn die Mitglieder der Schwerbehindertenvertretung nicht Angehörige des Betriebes oder der Dienststelle sind."

Ich denke, hier spricht der Gesetzestext für sich.

Wie schon oben im Kapitel zur Öffentlichkeitsarbeit (vgl. 4.2.5) angemerkt, sollten Sie Ihr Rederecht nutzen. Nicht zu exzessiv. Dafür lieber effektiv.

4.3.1.2.9 Monatsgespräche & Co.

Extra aufgenommen hat das Gesetz in § 178 Abs. 5 SGB IX das Recht der SBV, an den sog. Monatsgesprächen (vgl. §§ 74 Abs. 1 BetrVG/66 Abs. 1 BPersVG) teilzunehmen.

Reguläre Teilnehmer dieser Besprechungen sind der Arbeitgeber/Dienststellenleiter und der Betriebs-/Personalrat. Das komplette Gremium. Nicht nur die Vorsitzenden!

Zu diesen Monatsgesprächen (oft auch „Jour fixe" genannt) ist die SBV rechtzeitig einzuladen.

Das Teilnahmerecht besteht jedoch nur, soweit derartige Gespräche überhaupt stattfinden. Erzwingen kann die SBV diese nicht.

Kein Teilnahmerecht steht der SBV an **informellen oder vorbereitenden Gesprächen** zwischen Betriebs-/Personalrat(-smitgliedern) und dem Arbeitgeber zu.[34]

Die in der Praxis weit verbreitete Handhabung, die „Monatsgespräche" von dem Betriebsratsvorsitzenden und seinem Stellvertreter allein führen zu lassen – und dazu die SBV nicht einzuladen – wird
4 seitens der Rechtsprechung[35] (leider) so interpretiert, dass diese Besprechungen keine echten Monatsgespräche sind. Ein Teilnahmerecht der SBV besteht daher nicht.

4.3.1.3 Fachkraft für Arbeitssicherheit, Sicherheitsbeauftragte, Betriebsarzt, Arbeitsschutzausschuss

Die Themen Arbeitssicherheit, Brandschutz etc. spielen auch – und gerade – für Schwerbehinderte oft eine große Rolle und stellen die Betriebspartner vor besondere Anforderungen. Dies sollen folgende Beispiele verdeutlichen:

Beispiele:

Eine interessante Frage stellte sich bei einer Betriebsbegehung in der Produktion: Müssen Rollstuhlfahrer Sicherheitsschuhe tragen? Nun, der Rollifahrer, der uns begleitete, grinste, schlug seine Decke zurück und sagte: „Keine Füße – keine Schuhe!". Doch hätte er noch Füße, dann ... ?

Oder denken Sie an den hörbehinderten Kollegen. Der akustische Feueralarm wird ihm genauso wenig bringen wie der optische Alarm dem blinden Kollegen.

Und was ist mit dem Rettungs- und Fluchtweg für die Rollifahrer, die im 1. Stock oder darüber arbeiten? Haben Sie im Betrieb einen Feuerwehraufzug? Gibt es Treppenrollstühle? Wer ist verantwortlich, dem behinderten Kollegen damit zu helfen?

[34] so im Ergebnis Dau, § 178 RdNr. 94; LAG Schleswig-Holstein v. 10.09.2008 – Az. 3 TaBV 26/08

[35] Dau, § 178 RdNr. 94; Arbeitsgericht Hannover v. 07.02.2006 – Az. 6 BV 13/05

Kann der an Parkinson erkrankte Kollege die Sicherheitseinrichtungen der Maschine bedienen?

Was ist mit Stolperstellen? Wie sind Treppen und Handläufe in Schuss? Kommen auch geh- oder sehbehinderte Kollegen damit klar?

Die Liste ließe sich noch ewig fortführen. Sie sehen, Arbeitssicherheit, Brandschutz & Co. sind gerade für Sie als SBV besonders wichtige Themen, denn die besonderen Anforderungen behinderter Mitarbeiter hat man üblicherweise nicht auf dem Schirm. Da sind Sie gefragt. Deshalb sind Sie ja auch Mitglied im Arbeitsschutzausschuss nach §§ 178 Abs. 4 S. 1; 11 ASiG.

Die **Fachkraft für Arbeitssicherheit** (vgl. § 6 ASiG) ist eine speziell ausgebildete Person, die im Rahmen des ASiG und des Arbeitsschutzgesetzes (ArbSchG) tätig wird. Sie kann Mitarbeiter des Unternehmens oder extern bestellt sein.

Davon zu unterscheiden sind die Sicherheitsbeauftragten. **Sicherheitsbeauftragte** sind von einem Unternehmen schriftlich bestellte Personen, die den Unternehmer, die Führungskräfte, die Fachkraft für Arbeitssicherheit, den Betriebsarzt und die Kollegen darin unterstützen, Unfälle, berufsbedingte Krankheiten und arbeitsbedingte Gesundheitsgefahren zu vermeiden. Sicherheitsbeauftragte sind Beschäftigte des Unternehmens.

Auch der **Werks- oder Betriebsarzt** hat seine Aufgaben im Rahmen der Arbeitssicherheit (vgl. §§ 2, 3 ASiG).

Zudem gehört es u. a. zu den Aufgaben des Betriebsarztes, Behinderte zu unterstützen bei Fragen des Arbeitsplatzwechsels sowie bei deren Eingliederung und Wiedereingliederung im Betrieb, vgl. § 3 Abs. 1 S. 2 Nr. 1f ASiG.

Auch ist der Betriebsarzt – falls erforderlich – im Rahmen des betrieblichen Eingliederungsmanagements (BEM) zu beteiligen, § 167 Abs. 2 SGB IX.

Weiter kann im Rahmen der Inklusionsvereinbarung (§ 166 SGB IX; vgl. 5.4) vereinbart werden, den Werks- oder Betriebsarzt auch für Beratungen über Leistungen zur Teilhabe sowie über besondere Hilfen im Arbeitsleben heranzuziehen (vgl. § 166 Abs. 3 Nr. 6 SGB IX).

4.3.1.4 Inklusionsteam

Das Inklusionsteam (veraltet: Integrationsteam) besteht aus der SBV, dem Betriebs-/Personalrat und dem Inklusionsbeauftragten des Arbeitgebers (vgl. §§ 176, 178, 181 SGB IX).

Dazukommen können aber auch der Betriebsarzt, die Fachkraft für Arbeitssicherheit, die Fachkraft für Suchtberatung, Abteilungsleiter, Vorgesetzte etc.

Zu den Hauptaufgaben gehört die Förderung der Eingliederung bzw. Teilhabe schwerbehinderter Menschen durch die Aktivierung der betrieblichen Selbsthilfe.

4 Hierzu heißt es in § 182 Abs. 1 SGB IX:

§ 182 Abs. 1 SGB IX

„Arbeitgeber, Inklusionsbeauftragter des Arbeitgebers, Schwerbehindertenvertretung und Betriebs-, Personal-, Richter-, Staatsanwalts- oder Präsidialrat arbeiten zur Teilhabe schwerbehinderter Menschen am Arbeitsleben in dem Betrieb oder der Dienststelle eng zusammen."

Zu den Aufgaben zählt damit:

- Ausschöpfung der betrieblichen Möglichkeiten für eine den Fähigkeiten und der Behinderung entsprechenden Beschäftigung Schwerbehinderter/Gleichgestellter
- enge Zusammenarbeit mit den entsprechenden Behörden, vgl. § 182 Abs. 2 SGB IX
- Mitwirkung bei der Erarbeitung der Inklusionsvereinbarung, vgl. § 166 SGB IX
- unter Umständen Zusammenarbeit mit anderen Helfern (z. B. Betriebsarzt, Fachkraft für Arbeitssicherheit)

4.3.1.5 Sonstige „Beauftragte"

Neben den genannten gibt es noch eine Vielzahl anderer Beauftragter im Betrieb.

Beispiele:

Brandschutzbeauftragte, Datenschutzbeauftragte, Ersthelfer, Strahlenschutzbeauftragte, Leiterbeauftragte, Aufzugswärter, Hygienebeauftragte oder auch – last but not least – die Qualitätsmanagementbeauftragten (QMB). Und noch viele andere, je nach Betrieb und Branche.

Viele davon haben einen direkten oder indirekten Bezug zum Thema Behinderung. Nutzen Sie die Sachkompetenz dieser Personen und wecken sie bei diesen das Interesse für Ihr Anliegen.

4.3.2 Hilfe von außen

In Ihrem Amt als SBV sind Sie nicht auf sich allein gestellt. Es gibt Behörden und Institutionen, die Ihnen, Ihrem Arbeitgeber und den behinderten Menschen helfen (können).

Und da haben wir dann auch schon ein großes Problem: Es gibt – gerade auf staatlicher Seite – viele(!) Behörden und Institutionen. Mit teils unterschiedlichen, teils aber auch überlappenden Zuständigkeiten. Und da wird es oft schwierig, den richtigen Leistungsträger zu finden. Manchmal entscheidet auch der Leistungsträger über die Güte der Leistung.

Beispiel:

Eine Mitarbeiterin einer Reha-Klinik hat mir das mal anhand eines Autos in Relation zu den Behandlungen und Anwendungen während einer Reha-Maßnahme erklärt: „Die Reha der gesetzlichen Krankenkasse ist wie ein Dacia: Bringt dich von A nach B, aber nicht mehr. Schickt dich die Rentenversicherung ist das wie ein Golf. Du kommst von A nach B – und das mit besserer Ausstattung und komfortabler. Kommst du von der Berufsgenossenschaft, ist das wie eine Fahrt mit einem Bentley."

Hier zunächst ein kurzer Überblick über mögliche Leistungsträger.

4.3.2.1 Integrationsamt

Das SGB IX spricht noch vom Integrationsamt, während die Behörden selbst sich inzwischen oft Inklusionsamt nennen (z. B. in Bayern). Das ist jedoch letztlich unerheblich.

Geregelt ist diese Institution im Wesentlichen in den §§ 184 bis 186 SGB IX.

Zusammen mit der Bundesagentur für Arbeit erfüllt das Integrationsamt die Aufgaben nach dem sog. Schwerbehindertenrecht (= besondere Regelungen zur Teilhabe schwerbehinderter Menschen) im Teil 3 des SGB IX (§§ 151 ff. SGB IX).

Die Aufgaben der Integrationsämter sind überwiegend in § 185 SGB IX geregelt. Zu den wichtigsten Aufgaben gehören:

- Erhebung und Verwendung der Ausgleichsabgabe (vgl. 5.2.2)
- Durchsetzung des besonderen Kündigungsschutzes (§§ 168 ff. SGB IX) für Schwerbehinderte/Gleichgestellte und Entscheidung über Zustimmungsanträge des Arbeitgebers (§ 171 ff. SGB IX) (vgl. 5.2.7.1)
- Organisation und Durchführung der „Begleitenden Hilfe im Arbeitsleben“ (vgl. z. B. § 185 Abs. 3 SGB IX) für Menschen mit sogenannten schweren Behinderungen (vgl. 7.7)
- Durchführung von Schulungs- und Bildungsmaßnahmen für betriebliche Integrationsteams, Betriebs-/Personalräte, SBV und Inklusionsbeauftragte des Arbeitgebers
- Bereitstellung und Durchführung verschiedener Fachdienste, z. B. Technischer Beratungsdienst oder Integrationsfachdienst (siehe auch 4.3.2.6)
- Unterstützung/Vermittlung bei Inklusionsvereinbarungen (§ 166 Abs. 1 S. 4, 5 SGB IX) (vgl. 5.4)
- Unterstützung im Verfahren des Betrieblichen Eingliederungsmanagements (BEM-Verfahren) von Schwerbehinderten (§ 167 Abs. 2 S. 4, Abs. 3 SGB IX) (vgl. 7.2.2)
- Strukturverantwortung für die „Einheitlichen Ansprechstellen für Arbeitgeber“ (§ 185a Abs. 5 SGB IX)

Im Rahmen der **begleitenden Hilfen im Arbeitsleben** (vgl. 7.7) können die Integrationsämter auch finanziell unterstützen:

Angebote an Schwerbehinderte/Gleichgestellte nach § 185 Abs. 3 Nr. 1 SGB IX
Finanzielle Leistungen: ■ für technische Arbeitshilfen ■ zum Erreichen des Arbeitsplatzes (u. a. Kraftfahrzeughilfe)

- zur wirtschaftlichen Selbstständigkeit
- zur behinderungsgerechten Gestaltung der Wohnung
- zur Fortbildung
- zur Bereitstellung einer Arbeitsassistenz
- Beratung und psychosoziale Betreuung im Arbeitsleben

Angebote an Arbeitgeber nach § 185 Abs. 3 Nr. 2 SGB IX

Finanzielle Leistungen, u. a.:

- zur Schaffung neuer Arbeits- und Ausbildungsplätze
- zur behindertengerechten Einrichtung vorhandener Arbeits- und Ausbildungsplätze
- zur Abgeltung außergewöhnlicher Belastungen
- Prämien zur Einführung eines betrieblichen Eingliederungsmanagements
- Prämien und Zuschüsse zu den Kosten der Berufsausbildung behinderter Jugendlicher und besonders betroffener schwerbehinderter Menschen
- Beratung in allen Fragen, die im Zusammenhang mit der Beschäftigung behinderter Menschen stehen.

Exkurs: Einheitliche Ansprechstellen für Arbeitgeber, § 185a SGB IX

Es kann auch für Arbeitgeber schwierig sein, den Überblick über die Rahmenbedingungen der Beschäftigung schwerbehinderter Menschen sowie deren Förderung zu behalten. Deshalb wurde 2021 mit dem neuen § 185a SGB IX eine zentrale Anlaufstelle eingerichtet.

Zentrale Aufgabe der Einheitlichen Ansprechstellen ist es, die Arbeitgeber hinsichtlich der Ausbildung, Einstellung und Beschäftigung schwerbehinderter Menschen zu informieren, zu beraten sowie zu unterstützen.

Diese Leistungen gehören zu den begleitenden Hilfen im Arbeitsleben. Sie werden von den Integrationsämtern aus den Mitteln der Ausgleichsabgabe finanziert und im Auftrag der Integrationsämter von den Integrationsfachdiensten oder nach Wahl der Integrationsämter von „anderen geeigneten Trägern" erbracht.

Ziel ist es, ergänzendes Know-how betreffend die beruflichen Anforderungen der einzelnen Branchen einzubringen, sodass in diesem Zusammenhang z. B. auch die Industrie- und Handelskammern oder Handwerkskammern beauftragt werden können.

Die Beratung erfolgt trägerunabhängig, d. h. ungeachtet der Frage, welcher der Reha-Träger nach § 6 Abs. 1 SGB IX die Leistung am Ende tatsächlich finanziert. Dies zeigt die „Lotsen-Funktion" der Einheitlichen Ansprechstellen besonders klar.

Praxistipp:

4 Weisen Sie den Arbeitgeber – und den Inklusionsbeauftragten nach § 181 SGB IX – auf die Einheitlichen Ansprechstellen hin. Je besser ein Arbeitgeber über Fördermöglichkeiten und mögliche finanzielle Unterstützungsleistungen informiert ist, desto motivierter können Arbeitgeber für die Erbringung von Leistungen an schwerbehinderte Mitarbeiter sein.

4.3.2.2 Versorgungsamt

Die landesrechtlich unterschiedlich strukturierten Versorgungsämter erfüllen im Rahmen des SGB IX Schwerbehindertenangelegenheiten. Wichtigste Aufgabe in diesem Zusammenhang ist die Feststellung des GdB (vgl. 8.2) und der sog. Merkzeichen (vgl. 8.2.5), vgl. § 152 SGB IX.

In Baden-Württemberg übernehmen diese Aufgabe die Landratsämter, in Nordrhein-Westfalen die Kreise und kreisfreien Städte, in Rheinland-Pfalz das Landesamt für Soziales, Jugend und Versorgung Rheinland-Pfalz, in Bayern die Regierungen.

Praxis-Tipp:

Das zuständige Versorgungsamt können Sie unter folgendem Link im Internet leicht finden:

https://soziales.niedersachsen.de/startseite/service_kontakt/ortsverzeichnis_deutschland_nach_zustandigen_versorgungsamtern/ortsverzeichnis-deutschland-54.html

4.3.2.3 Reha-Träger

Zu den Rehabilitationsträgern (kurz Reha-Träger) gehören nach § 6 Abs. 1 SGB IX:

- Träger der *gesetzlichen Krankenversicherung*

  (Ortskrankenkassen, Betriebskrankenkassen, Innungskrankenkassen, See-Krankenkassen, landwirtschaftliche Krankenkassen, Bundesknappschaft, Ersatzkassen)

- *Bundesagentur für Arbeit*

  (Agenturen für Arbeit, Jobcenter, vgl. auch 4.3.2.5)

- Träger der *gesetzlichen Unfallversicherung*

  (gewerbliche und landwirtschaftliche Berufsgenossenschaften [BGN], Gemeindeunfallversicherungsverbände, Ausführungsbehörden für die Unfallversicherung [Unfallkassen des Bundes, der Länder und kommunal], Eisenbahn-Unfallkasse)

- Träger der *gesetzlichen Rentenversicherung*

  (Bundesebene: Deutsche Rentenversicherung Bund [DRV Bund] und Deutsche Rentenversicherung Knappschaft – Bahn – See / Regionalebene: Deutsche Rentenversicherung Regional [z. B. DRV Bayern-Süd])

- Träger der Kriegsopferversorgung und Kriegsopferfürsorge (= *soziales Entschädigungsrecht*)

  (Landesversorgungsträger und Versorgungsämter, Hauptfürsorgestellen [z. B. Landschaftsverbände NRW])

- Träger der *öffentlichen Jugendhilfe*

  (überörtliche Träger nach Landesrecht [z. B. Landesjugendämter], örtliche Träger [Kreise, kreisfreie Städte])

- Träger der *Eingliederungshilfe*

  (überörtliche Träger nach Landesrecht, örtliche Träger [Kreise, kreisfreie Städte])

Wie Sie sehen können, tummeln sich hier eine Vielzahl von Leistungserbringern.

Wichtig: Wie Sie der obenstehenden Auflistung entnehmen können, ist dort das Integrationsamt nicht genannt, denn:

Das Integrationsamt ist kein Reha-Träger!

4

Ist es bei der Zuständigkeit der gesetzlichen Unfallversicherungsträger noch recht einfach zu beurteilen, ob und wann sie zuständig sind (nämlich bei Arbeits-/Wegeunfällen und Berufskrankheiten), wird es ansonsten schon schwierig; rechtliche Begleitung wird daher dringend angeraten. Im Rahmen dieser Darstellung nur so viel:

Hat der Unfallversicherungsträger die haftungsbegründende Kausalität (also seine Eintrittspflicht) anerkannt, dann ist ausschließlich dieser für den eingetretenen gesundheitlichen Schaden anstelle der gesetzlichen Krankenversicherung zuständig. Gleiches gilt für Leistungen zur Teilhabe am Leben in der Gesellschaft.

Die Feststellung erfolgt durch einen Grundlagenbescheid des Unfallversicherungsträgers, welcher erforderlichenfalls eine Minderung der Erwerbsfähigkeit (MdE) – vergleichbar mit dem GdB – feststellt.

Praxis-Tipp:

Tendenziell sind die Leistungen der gesetzlichen Unfallversicherung am hochwertigsten. Liegt also ein Arbeitsunfall oder ein Wegeunfall oder eine Berufskrankheit vor, sollte man unbedingt darauf drängen, dass dies dokumentiert und beantragt wird. Auch wenn sich z. B. Ärzte oder Notaufnahmen häufig vor dem erheblichen Aufwand der Antragstellung bzw. Dokumentation scheuen.

4.3.2.4 Ergänzende unabhängige Teilhabeberatung (EUTB), § 32 SGB IX

Die EUTB unterstützt und berät

- Menschen mit Behinderungen,
- von Behinderung bedrohte Menschen,
- aber auch deren Angehörige,

unentgeltlich bundesweit zu Fragen der Rehabilitation und Teilhabe.

Dies erfolgt in der Regel im Rahmen des sog. „Peer Counseling", d. h. Beratung *von* Menschen mit Behinderung *durch* Menschen mit Behinderung, auch wenn dies in der Praxis noch nicht immer verlässlich funktioniert.

Die EUTB wurde mit dem Bundesteilhabegesetz 2018 eingeführt. Die ursprüngliche finanzielle staatliche Förderung war bis 31.12.2022 befristet. Mit der Verordnung zur Weiterführung der Ergänzenden unabhängigen Teilhabeberatung (EUTBV) setzte das Bundesministerium für Arbeit und Soziales die im Koalitionsvertrag der 19. Legislaturperiode verankerte Weiterführung der EUTB ab dem Jahr 2023 um. Dazu wird die Finanzierung von der bisherigen zuwendungsrechtlichen Förderung umgestellt auf einen Rechtsanspruch auf einen Zuschuss zu Personal- und Sachkosten. Seit 2023 stehen hierfür jährlich 65 Mio. Euro zur Verfügung (§ 32 SGB IX). Die EUTBV trat zum 01.01.2022 in Kraft, um eine lückenlose Beratung zu gewährleisten.

Details und Adressen finden Sie unter www.teilhabeberatung.de.

4.3.2.5 Bundesagentur für Arbeit

Zusammen mit Integrationsämtern erfüllt die Bundesagentur für Arbeit die Aufgaben nach dem sog. Schwerbehindertenrecht (= besondere Regelungen zur Teilhabe schwerbehinderter Menschen) im Teil 3 des SGB IX (§§ 151 ff. SGB IX).

Die Bundesagentur für Arbeit ist zuständige Reha-Trägerin für die berufliche Rehabilitation, sofern kein anderer Reha-Träger zuständig ist.

Dies trifft auch zu, wenn der Betroffene Leistungen zur Grundsicherung für Arbeitsuchende nach dem SGB II durch ein Jobcenter erhält.

Eine sehr wichtige Aufgabe der Bundesagentur für Arbeit ist die Entscheidung über **Gleichstellungsanträge** von Menschen mit einem GdB von 30 oder 40, § 151 Abs. 2 S. 2 SGB IX (vgl. 8.3).

4.3.2.6 Integrationsfachdienste und Fachdienste des Integrationsamts

4.3.2.6.1 Integrationsfachdienste

Die Integrationsfachdienste (IFD) sind gemeinsames Dienstleistungsangebot mehrerer gesetzlicher Leistungsträger

- für Schwerbehinderte und
- ihre Arbeitgeber

auf Basis der §§ 192 ff. SGB IX; 27a, 28 SchwbAV.

Integrationsfachdienste sollen schnittstellen- und leistungsträgerübergreifend für

- die Bundesagentur für Arbeit (Vermittlung) und
- das Integrationsamt (Begleitung, Sicherung eines Arbeitsplatzes) sowie
- die Reha-Träger (z. B. Eingliederung nach einem Unfall)

tätig sein.

Die Koordination der Arbeit der IFD liegt bei den Integrationsämtern.

4 **Zielgruppen** der IFD sind behinderte Menschen und deren Arbeitgeber.

Die IFD sollen vor allem Menschen mit Behinderungen fördern, die eine personalintensivere Unterstützung bei ihrer beruflichen Eingliederung benötigen. Dazu gehören nach § 192 Abs. 2 SGB IX insbesondere:

- schwerbehinderte Menschen mit einem besonderen Bedarf an arbeits- und berufsbegleitender Betreuung,
- schwerbehinderte Menschen, die nach entsprechender Vorbereitung durch eine Werkstatt für behinderte Menschen auf dem allgemeinen Arbeitsmarkt eingegliedert werden sollen und dabei auf aufwendige personalintensive, individuelle, arbeitsbegleitende Hilfen angewiesen sind,
- schwerbehinderte Schulabgänger, die für die Aufnahme einer Beschäftigung auf dem allgemeinen Arbeitsmarkt auf die Unterstützung eines Integrationsfachdienstes angewiesen sind.

Der Gesetzgeber nennt als Zielgruppe vor allem Menschen mit

- einer sogenannten geistigen oder psychischen Behinderung oder
- mit einer schweren Körper-, Sinnes- oder Mehrfachbehinderung.

Aufgaben der IFD nach § 193 Abs. 2 SGB IX:

- Bewertung/Einschätzen der Fähigkeiten der schwerbehinderten Menschen sowie Erarbeitung eines individuellen Fähigkeits-, Leistungs- und Interessenprofils zur Vorbereitung auf den allgemeinen Arbeitsmarkt. Dies zusammen mit allen Beteiligten.
- Unterstützung der Bundesagentur für Arbeit bei der Berufsorientierung und Berufsberatung in den Schulen.

- Begleitung bei der betrieblichen Ausbildung schwerbehinderter, insbesondere seelisch und lernbehinderter Jugendlicher.
- Erschließung geeigneter Arbeitsplätze (§ 156 SGB IX) auf dem allgemeinen Arbeitsmarkt.
- Vorbereitung der schwerbehinderten Menschen auf die vorgesehenen Arbeitsplätze.
- Begleitung der schwerbehinderten Menschen am Arbeitsplatz oder beim Training, solange erforderlich.
- Mit Zustimmung des schwerbehinderten Menschen: Die Mitarbeiter im Betrieb oder in der Dienststelle über Art und Auswirkungen der Behinderung und über entsprechende Verhaltensregeln informieren und beraten.
- Durchführung von Nachbetreuung, Krisenintervention oder psychosoziale Betreuung.
- Ansprechpartner für die Arbeitgeber, Information über die Leistungen für die Arbeitgeber und Abklärung der Leistungen für die Arbeitgeber.
- In Zusammenarbeit mit Reha-Trägern und Integrationsämtern: die für den schwerbehinderten Menschen benötigten Leistungen klären und bei der Beantragung zu unterstützen.

Praxis-Tipp:
Da die IFDe auch häufig als einheitliche Ansprechstellen für Arbeitgeber fungieren und trägerunabhängig agieren, sind oftmals der erste und beste Ansprechpartner, wenn es um die Beschäftigung schwerbehinderter und gleichgestellter Menschen geht. Bauen Sie sich also ein gutes Netzwerk zu „Ihrem IFD" auf.

4.3.2.6.2 Wichtige Fachdienste der Integrationsämter

Leider sind die seitens der Integrationsämter angebotenen Fachdienste in der Praxis weitgehend unbekannt. Von daher hier ein kleiner Überblick:

4

Dienst	Aufgaben
Fachdienst für **psychosoziale** und **arbeitspädagogische** Beratung	■ Beratung von Arbeitgeber, Betriebs-/Personalrat, SBV über Auswirkungen psychischer und neurologischer Erkrankungen, geistiger Behinderungen und/oder Lernbehinderungen ■ Betreuung Betroffener durch Krisenmanagement, sozialpädagogische Anleitung, Arbeitstraining
Ingenieur-Fachdienst zur **behindertengerechten Arbeitsplatzgestaltung**	Unterstützung bei der Gestaltung/Einrichtung behindertengerechter Arbeitsplätze
Fachdienst für **sehbehinderte** Menschen	Unterstützung blinder/sehbehinderter Menschen und deren Arbeitgeber bei der behinderungsgerechten Ausstattung und Gestaltung der Arbeitsplätze
Fachdienst für **hörbehinderte** Menschen	■ Beratung gehörloser, schwerhöriger und ertaubter Arbeitnehmer und deren Arbeitgebern bei Schaffung und Erhaltung von Arbeitsplätzen und deren barrierefreier Gestaltung. ■ Planung/Umsetzung kommunikationsverbessernder Maßnahmen. Beispiele: Beratung/Unterstützung bei der Versorgung mit technischen Hilfsmitteln, Organisation von personellen Hilfen (z. B. Gebärdensprachdolmetscher), spezielle Kommunikationsseminare für gehörlose Arbeitnehmer und deren hörende Kollegen.
Fachdienst für **betriebliche Suchtprävention**	Beratung von Arbeitgebern, Betriebs-/Personalrat, SBV beim Aufbau eines betrieblichen Suchtpräventionskonzeptes.

Wie Sie daraus ersehen können, sind die Unterstützungsmöglichkeiten gerade hier sehr vielfältig – und Sie und Ihr Arbeitgeber haben die Chance, echte Profis ins Haus zu holen!

4.3.2.7 Krankenkassen

Insgesamt gibt es in Deutschland (Stand 01.01.2026) 93 gesetzliche Krankenkassen (Ortskassen, Ersatzkassen, Betriebskrankenkassen etc.). Hier ist es eher schwierig für Sie als SBV, Kontakt zu allen zu pflegen. Allerdings treten die Krankenkassen in dem für Sie interessanten Bereich meist (nur) in ihrer Funktion als Reha-Träger zum Vorschein. Von daher sollte es ausreichend sein, wenn Sie Ansprechpartner bei den gängigsten Kassen (z. B. AOK, DAK, Techniker, Barmer, zuständige Betriebskrankenkasse) kennen.

4.3.2.8 Behindertenorganisationen

Ohne Anspruch auf Vollständigkeit liste ich Ihnen hier ein paar Verbände und Vereinigungen auf, die behinderten Menschen helfend und unterstützend zur Seite stehen.

Der wohl bekannteste und größte Verband der Liste dürfte der VdK sein. Der Mitgliedsbeitrag bewegt sich z. B. in Bayern im Bereich von sechs Euro pro Monat, ist aber regional sehr unterschiedlich. Ein Teil der Leistungen ist u. a. die Rechtsberatung der Mitglieder – auch in Fragen des Behindertenrechts, gegebenenfalls mit Vertretung vor den Sozialgerichten.

Erfahrungsgemäß ist nicht jeder Verband in jeder Region gleich gut oder gleich stark vertreten. Eine Ihrer Aufgaben als SBV sehe ich daher darin, sich zu erkundigen, welcher Verband in Ihrer Region die besten Leistungen erbringt, ob er gut erreichbar ist und welche Kosten zu tragen sind. Dann können Sie Ihren Kollegen den richtigen Partner empfehlen.

Behindertenorganisationen

- Allgemeiner Behindertenverband in Deutschland
  www.abbev.de
- Bundesverband für körper- und mehrfachbehinderte Menschen
  www.bvkm.de
- Bundesverband Selbsthilfe Körperbehinderter
  www.bsk-ev.org
- Bundesvereinigung Lebenshilfe
  www.lebenshilfe.de
- Sozialverband Deutschland (SoVD)
  www.sovd.de
- Sozialverband VdK Deutschland
  www.vdk.de/deutschland

5. Aufgaben der SBV

5. Aufgaben der SBV

5.1 Allgemeine Aufgaben nach § 178 Abs. 1 SGB IX

Langsam ist es nun an der Zeit, dass wir uns Gedanken darüber machen, welche Aufgaben die SBV nach dem Gesetz hat. Die Wichtigsten davon wollen wir uns in diesem Kapitel 5 ansehen.

Vorab zur Klarstellung aber eines: Sie sind als SBV grundsätzlich zuständig für Schwerbehinderte (Gdb 50 und höher) und Gleichgestellte (GdB 30 oder 40 + Gleichstellung durch die Bundesagentur für Arbeit), vgl. §§ 177; 2 Abs. 2 und Abs. 3 SGB IX.

§ 178 Abs. 1 S. 1 SGB IX regelt: Die SBV

5
- **fördert** die Eingliederung schwerbehinderter Menschen in den Betrieb oder die Dienststelle,
- **vertritt** ihre Interessen in dem Betrieb oder der Dienststelle,
- steht ihnen **beratend und helfend** zur Seite.

§ 178 Abs. 1 S. 2 SGB IX konkretisiert dies ein wenig. Danach hat die SBV folgende Aufgabenschwerpunkte:

- § 178 Abs. 1 S. 2 Nr. 1 SGB IX: Überwachung der Durchführung von Bestimmungen, die für Schwerbehinderte/Gleichgestellte gelten.

Beispiel:

Dazu gehört das Einholen und Auswerten von Informationen, das Feststellen von Verstößen und die Information des Betriebs-/Personalrats. Der Schwerbehinderte/Gleichgestellte muss allerdings gegebenenfalls selbst gerichtlich vorgehen.

- § 178 Abs. 1 S. 2 Nr. 2 SGB IX: Beantragung von dienlichen Maßnahmen bei den zuständigen Stellen (z. B. Arbeitgeber, Reha-Träger, Integrationsamt), etwa Maßnahmen zur Teilhabe am Arbeitsleben, § 49 SGB IX (vgl. 7.7)

  Die SBV kann hier grundsätzlich von sich aus die Initiative ergreifen. Aufgrund des Grundsatzes der engen Zusammenarbeit (§ 182 Abs. 1 SGB IX) u. a. mit dem Arbeitgeber würde ich als

SBV allerdings vor Antragstellung (z. B. beim Integrationsamt) mit dem Arbeitgeber Kontakt aufnehmen.

- § 178 Abs. 1 S. 2 Nr. 3 SGB IX: Entgegennahme von Anregungen und Beschwerden von Schwerbehinderten und Gleichgestellten. Verhandlung mit dem Arbeitgeber, falls SBV die Beschwerde für berechtigt erachtet und Information an den Betroffenen, wie mit der Anregung/Beschwerde umgegangen wurde.

  Hinweis: Sie müssen nicht alles, was an Sie herangetragen wird, auch weitergeben oder verfolgen. Gelegentlich kommt es vor, dass die Beschwerden/Anregungen eher sinnfrei sind. So gab es z. B. einmal einen Mitarbeiter, der die betrieblichen Parkplätze nachgemessen hatte und sich dann darüber beschwerte, dass diese 0,25 cm unter dem Norm-Maß lagen.

5.2 Beteiligung der SBV bei personellen Maßnahmen

Einer der Schwerpunkte der SBV-Arbeit liegt in der Praxis bei den sog. personellen Maßnahmen des Arbeitgebers. Das sind vor allem Einstellung, Versetzung, Kündigung, Eingruppierung usw.

Hierbei sollte man berücksichtigen, dass Schwerbehinderte/Gleichgestellte häufig von – ansonsten „ganz normalen" – personellen Entscheidungen schwerer – oder ganz anders – betroffen sind als nicht behinderte Mitarbeiter.

Neben Ihrer Beteiligung als SBV greifen – soweit vorhanden – natürlich weiterhin auch die Mitbestimmungs- und Beteiligungsrechte des Betriebs-/Personalrats.

Diese werden durch die Beteiligung der SBV nicht ausgehebelt und sind häufig weiter gehender. Gerade hier sollten Sie an den Gremiumssitzungen teilnehmen und bei Ihren Kollegen in Betriebs-/Personalrat Überzeugungsarbeit leisten.

5.2.1 Unterrichtungs- und Anhörungsrecht nach § 178 Abs. 2 SGB IX

Sehen wir uns zunächst einmal die Norm an:

§ 178 Abs. 2 SGB IX

„Der Arbeitgeber hat die Schwerbehindertenvertretung in allen Angelegenheiten, die einen einzelnen oder die schwerbehinderten Menschen als

> Gruppe berühren, unverzüglich und umfassend zu unterrichten und vor einer Entscheidung anzuhören; er hat ihr die getroffene Entscheidung unverzüglich mitzuteilen. Die Durchführung oder Vollziehung einer ohne Beteiligung nach Satz 1 getroffenen Entscheidung ist auszusetzen, die Beteiligung ist innerhalb von sieben Tagen nachzuholen; sodann ist endgültig zu entscheiden.Die Kündigung eines schwerbehinderten Menschen, die der Arbeitgeber ohne eine Beteiligung nach Satz 1 ausspricht, ist unwirksam. Die Schwerbehindertenvertretung hat das Recht auf Beteiligung am Verfahren nach § 164 Absatz 1 und beim Vorliegen von Vermittlungsvorschlägen der Bundesagentur für Arbeit nach § 164 Absatz 1 oder von Bewerbungen schwerbehinderter Menschen das Recht auf Einsicht in die entscheidungsrelevanten Teile der Bewerbungsunterlagen und Teilnahme an Vorstellungsgesprächen."

Die SBV ist durch den Arbeitgeber also

- zu unterrichten und
- anzuhören,

wenn es um Angelegenheiten geht, die entweder einzelne Schwerbehinderte/Gleichgestellte oder die schwerbehinderten/gleichgestellten Menschen als Gruppe berühren.

Hinweis: Hat ein als behinderter Mensch mit einem Grad der Behinderung (GdB) von 30 oder 40 anerkannter Arbeitnehmer die Gleichstellung mit einem schwerbehinderten Menschen beantragt und dies dem Arbeitgeber mitgeteilt, ist der Arbeitgeber dennoch nicht verpflichtet, die Schwerbehindertenvertretung von der beabsichtigten Umsetzung dieses Arbeitnehmers zu unterrichten und sie hierzu anzuhören, wenn über den Gleichstellungsantrag noch nicht entschieden ist.[36]

Achtung: Ein Verstoß des Arbeitgebers gegen die Unterrichtungspflicht nach § 178 Abs. 2 SGB IX stellt eine Ordnungswidrigkeit gem. § 238 Abs. 1 Nr. 9 SGB IX dar!

Allerdings führt ein Verstoß gegen die Unterrichtungspflicht – mit Ausnahme der Kündigung (vgl. § 178 Abs. 2 S. 3 SGB IX) – nicht zur Unwirksamkeit der Maßnahme.[37]

---

36 BAG v. 22.01.2020 – Az. 7 ABR 18/18

37 Feldes, § 178 RdNr. 15 m. w. N.; Dau, § 178 RdNr. 68

5.2.1.1 Unterrichtung der SBV

Auszugehen ist zunächst von einer sog. „informationellen Allzuständigkeit“[38] der SBV, also einem sehr umfassenden Unterrichtungsrecht der SBV.

Dieser Informationsanspruch der SBV geht damit weiter als der des Betriebsrats und meist auch als der der Personalräte (ausgenommen einige landesrechtliche Regelungen).

Letztlich geht es um die Teilhabe der Schwerbehinderten/Gleichgestellten. Sinn der Unterrichtung ist es, deren Beeinträchtigung durch eine Entscheidung des Arbeitgebers möglichst zu vermeiden und die Teilhabe-Chancen zu wahren.

Ausreichend ist, wenn sich eine Arbeitgebermaßnahme auf das Arbeitsverhältnis eines schwerbehinderten Menschen besonders auswirken **kann**.[39]

Beispiele:

Unterrichtungspflichtige Angelegenheiten können sein:

- Abschluss eines Aufhebungsvertrages mit einem Schwerbehinderten/Gleichgestellten; allerdings soll es nach dem BAG[40] ausreichend sein, wenn die SBV **nach** Abschluss des Aufhebungsvertrages informiert wird
- Arbeitgeber erfährt von einem Mitarbeiter, dass er als Schwerbehinderter anerkannt wurde
- Zustimmung eines Schwerbehinderten/Gleichgestellten, am BEM-Verfahren teilzunehmen
- Einführung eines Beurteilungssystems
- Absicht des Arbeitgebers, eine Abmahnung/Versetzung/ Kündigung auszusprechen
- Ein- bzw. Umgruppierung eines Schwerbehinderten/Gleichgestellten
- Stufenweise Wiedereingliederung eines Schwerbehinderten/Gleichgestellten (vgl. dazu 7.6.2)

[38] so Dau, § 178 RdNr. 35
[39] Dau, § 178 RdNr. 36
[40] BAG v. 14.03.2012 – Az. 7 ABR 67/10, vgl. auch Feldes, § 178 RdNr. 17

Der Unterrichtungsanspruch erstreckt sich nicht nur auf einseitige Maßnahmen des Arbeitgebers. Die Unterrichtung hat bei allen Angelegenheiten zu erfolgen, die sich besonders auf schwerbehinderte Menschen auswirken (können).

Die Unterrichtungspflicht besteht nur dann nicht, wenn die Angelegenheit die Belange schwerbehinderter Menschen in keiner anderen Weise berührt als nicht schwerbehinderte Beschäftigte. Das wird in der Praxis kaum jemals der Fall sein.

Umfassend: Der Arbeitgeber muss alle zu der Angelegenheit gehörenden Informationen mitteilen.

Kurz gesagt: Es ist ein Wissensstand auf **Augenhöhe** zwischen Arbeitgeber und SBV herzustellen.

Unverzüglich: Die Information erfolgt, sobald der Arbeitgeber Kenntnis erlangt und ihm die Unterrichtung „ohne schuldhaftes Zögern möglich ist".

Eine Stellungnahme der SBV muss – sofern auch ein Anhörungsrecht besteht – noch in Entscheidungen mit einbezogen werden können.

5.2.1.2 Anhörung

Weiterhin hat der Arbeitgeber die SBV in Angelegenheiten, die einen Einzelnen oder die schwerbehinderten Menschen als Gruppe berühren, vor einer Entscheidung anzuhören.

Diese Pflicht unterscheidet sich von der Unterrichtungspflicht des Arbeitgebers. Zwar setzt auch die Anhörung eine entsprechende Information der SBV voraus, endet aber nicht mit der erteilten Information. Vielmehr ist der SBV Gelegenheit zur Stellungnahme zu geben, welche der Arbeitgeber dann auch zur Kenntnis nehmen muss.

Die Anhörungspflicht bezieht sich nur auf die „Entscheidungen" des Arbeitgebers mit Bezug zu behinderten Menschen. Als „Entscheidungen" in diesem Sinne werden aber nur *einseitige* Willensakte des Arbeitgebers angesehen[41].

Die SBV soll die Möglichkeit haben, auf die Willensbildung des Arbeitgebers Einfluss zu nehmen. Sie soll den Arbeitgeber auf mögliche – gegebenenfalls nicht bedachte – Auswirkungen seiner Entscheidung hinweisen.

---

41 BAG v. 14.03.2012 – Az. 7 ABR 67/10

Anders als die Unterrichtung hat die Anhörung nicht nur „unverzüglich", sondern „*vor*" der Entscheidung zu erfolgen. Der Arbeitgeber genügt daher seiner Pflicht zur Anhörung nicht, wenn er die SBV erst nach der Entscheidung anhört.

Das bedeutet, dass der SBV eine angemessene Frist zur Stellungnahme einzuräumen ist[42] – und zwar bevor der Arbeitgeber die Entscheidung (endgültig) trifft.

Praxis-Tipp:

Bei dringenden Angelegenheiten sind hier in etwa 3 Tage angemessen, im Übrigen 7 bis 10 Tage.

Sinnvollerweise sollten sich Arbeitgeber und SBV auf einen Fristenkatalog einigen.

Falls dies nicht erfolgt, sollte der Arbeitgeber bei Anhörung der SBV eine angemessene Frist setzen. In diesem Fall trägt der Arbeitgeber jedoch das Risiko, dass die Frist gegebenenfalls zu kurz und damit die Anhörung unwirksam ist.

Bei der **Anhörung zur Kündigung** werden nach der Rechtsprechung des BAG die Fristen des § 102 BetrVG entsprechend angewendet.[43] Für ordentliche Kündigungen gilt daher eine Anhörungsfrist von 7 Tagen (1 Woche), für außerordentliche Kündigungen 3 Tage.

Wichtig: Die getroffene Entscheidung ist der SBV dann unverzüglich mitzuteilen.

5.2.1.3 Pflicht zur Stellungnahme?

Nun ja, also: Nein! Sie haben das *Recht*, im Rahmen von § 178 Abs. 2 SGB IX eine Stellungnahme abzugeben. Eine Verpflichtung hierzu besteht jedoch nicht.

Beispiele:

Ein Schwerbehinderter soll gekündigt werden, da er nachweisbar seine Kollegen in der Umkleide bestohlen hat. Warum

42 Dau, § 178 RdNr. 49

43 BAG v. 13.12.2018 – Az. 2 AZR 378/18

sollten Sie versuchen, ihm zu helfen, wenn er nicht gerade an Kleptomanie leidet?

Eine Schwerbehinderte hat sich auf eine Stelle als Abteilungsleiterin beworben. Der Arbeitgeber möchte sie auf diese Stelle versetzen. Was gibt es da für Sie noch viel zu tun?

5.2.2 Exkurs: Beschäftigungspflicht des Arbeitgebers, § 154 ff. SGB IX

§ 178 Abs. 1 S. 2 Nr. 1 SGB IX gibt der SBV ausdrücklich die Aufgabe, darüber zu wachen, dass der Arbeitgeber u. a. seine Beschäftigungspflicht nach § 154 SGB IX erfüllt.

5

§ 154 Abs. 1 SGB IX

„[1]Private und öffentliche Arbeitgeber (Arbeitgeber) mit jahresdurchschnittlich monatlich mindestens 20 Arbeitsplätzen im Sinne des § 156 haben auf wenigstens 5 Prozent der Arbeitsplätze schwerbehinderte Menschen zu beschäftigen. [2]Dabei sind schwerbehinderte Frauen besonders zu berücksichtigen."

Relativ klar geregelt ist damit die grundsätzliche Beschäftigungspflicht von 5 Prozent Schwerbehinderter/Gleichgestellter für Arbeitgeber, die 20 oder mehr Arbeitnehmer beschäftigen.

Für Kleinarbeitgeber gibt es hier noch Erleichterungen in § 154 Abs. 1 S. 3 SGB IX:

- bei 20 – 39 Arbeitnehmer: 1 Schwerbehinderter/Gleichgestellter
- bei 40 – 59 Arbeitnehmer: 2 Schwerbehinderte/Gleichgestellte

Gemeint ist übrigens der Arbeitgeber insgesamt.[44] Hat also ein Arbeitgeber **mehrere Standorte, sind diese zusammenzuzählen,** sowohl bei der Anzahl der Beschäftigten, als auch bei der Quoteerfüllung.

Hinweis: § 154 Abs. 1 S. 2 SGB IX („schwerbehinderte Frauen") hat bloßen Appell-Charakter[45] und wird meiner Erfahrung nach häufig – gerade von Frauen – eher kritisch gesehen.

Bei der Berechnung der Quote muss man letztlich in zwei Schritten vorgehen:

---

44 Dau, § 154 RdNr. 9

45 Dau, § 165 RdNr. 31

- Schritt 1: Welche Beschäftigungsverhältnisse werden der Quotenberechnung zugrunde gelegt?
- Schritt 2: Welche Mitarbeiter erfüllen die Quote – und wie?

Die beiden Schritte sollen im Folgenden kurz dargestellt werden. Dabei kann aus Platzgründen lediglich eine überblicksartige Darstellung erfolgen.

5.2.2.1 Schritt 1: Welche Beschäftigungsverhältnisse werden zugrunde gelegt?

§ 154 Abs. 1 SGB IX verweist auf den Begriff des Arbeitsplatzes i. S. v. § 156 SGB IX. Leiharbeiter sind dabei nur beim Verleiher zu berücksichtigen[46].

Zu den Arbeitsplätzen i. S. d. § 156 SGB IX zählen nach Absatz 1 zunächst „alle Stellen, auf denen Arbeitnehmerinnen und Arbeitnehmer, Beamtinnen und Beamte, Richterinnen und Richter sowie Auszubildende und andere zu ihrer beruflichen Bildung Eingestellte beschäftigt werden." Auszubildende sind dabei zunächst die „klassischen" Azubis (§ 10 BBiG) und die Beamtenanwärter. „Zu ihrer beruflichen Bildung Eingestellte" sind dabei Personen, die „Beruf lernen", ohne in einem klassischen Ausbildungsverhältnis zu stehen. Das können Volontäre, aber auch Praktikanten sein, deren Betriebspraktikum durch die Hochschule/Schule im Rahmen der Ausbildung verpflichtend ist (häufig z. B. in Masterstudiengängen), oder auch duale Studenten.

Nicht zu den Arbeitsplätzen zählen die **in § 156 Abs. 2 SGB IX genannten** Arbeitsplätze (sog. „Negativkatalog"):

- Nr. 1: Behinderte Menschen, die an Leistungen zur Teilhabe am Arbeitsleben nach § 49 Abs. 3 Nr. 4 SGB IX in Betrieben oder Dienststellen teilnehmen (berufliche Reha),
- Nr. 2: Personen, deren Beschäftigung nicht in erster Linie ihrem Erwerb dient, sondern vorwiegend durch Beweggründe karitativer oder religiöser Art bestimmt ist, und Geistliche öffentlich-rechtlicher Religionsgemeinschaften (z. B. Geistliche, Ordensschwestern),
- Nr. 3: Personen, deren Beschäftigung nicht in erster Linie ihrem Erwerb dient und die vorwiegend zu ihrer Heilung, Wieder-

46 Dau, § 156 RdNr. 27

eingewöhnung oder Erziehung erfolgt (z. B. Strafgefangene, Patienten in Kliniken),

- Nr. 4: Personen, die an Arbeitsbeschaffungsmaßnahmen nach dem Dritten Buch teilnehmen (die Bundesagentur für Arbeit fördert seit 2012 keine ABM-Maßnahmen mehr, doch das kann sehr schnell wiederkommen),
- Nr. 5: Personen, die nach ständiger Übung in ihre Stellen gewählt werden (z. B. Wahlbeamte wie Bürgermeister, „Wahlstellen" bei Verbänden und Gewerkschaften),
- Nr. 6: Personen, deren Arbeits-, Dienst- oder sonstiges Beschäftigungsverhältnis wegen Wehr- oder Zivildienst, Elternzeit, unbezahlten Urlaubs, wegen Bezuges einer Rente auf Zeit oder bei Altersteilzeitarbeit in der Freistellungsphase (Verblockungsmodell) ruht, solange für sie eine Vertretung eingestellt ist. Sie
5 zählen also weiter, wenn keine Vertretung eingestellt wurde. Doppelzählungen sollen hier aber vermieden werden.

Nicht zu den Arbeitsplätzen zählen sodann gemäß **§ 156 Abs. 3 SGB IX:**

- Stellen, die nur auf die Dauer von höchstens acht Wochen besetzt sind (z. B. Erntehelfer),
- Stellen, auf denen Beschäftigte weniger als 18 Stunden wöchentlich beschäftigt werden (z. B. geringfügig Beschäftigte, sog. „Mini-Jobs").

Hat man nun die Anzahl der zu berücksichtigenden Stellen im Jahresdurchschnitt ermittelt, kommt noch eine **weitere Ausnahme** hinzu – **§ 157 Abs. 1 SGB IX**: Bei der Beschäftigungsquote nicht berücksichtigt werden danach Arbeitsplätze von

- Auszubildenden (Azubi, Lehrlinge)
- Rechtsreferendaren oder Studienreferendaren, die einen Einstellungsanspruch haben (z. B. Lehramtsanwärter).

Hat man die nun noch abgezogen, multipliziert man die im Jahresdurchschnitt verbleibenden Arbeitsplätze mit 5 Prozent und erhält so die Zahl der Pflichtarbeitsplätze (PAP). Bei 0,5 bis 0,99 ist aufzurunden, darunter abzurunden (vgl. § 157 Abs. 2 SGB IX).

Die Berechnungsformel lautet also:
Anzahl der Arbeitsplätze ohne Stellen aus § 156 Abs. 2 u. Abs. 3 SGB IX – Azubis u. Referendare, § 157 Abs. 1 SGB IX = Ergebnis x 5 % = Zahl der zu beschäftigenden Schwerbehinderten/Gleichgestellten

5.2.2.2 Schritt 2: Welche Mitarbeiter erfüllen die Quote – und wie?

Hat man nun die jahresdurchschnittlich zu besetzenden Stellen (= sog. „Pflichtarbeitsplätze" – PAP) ermittelt, muss man sehen, ob im Unternehmen die Anforderungen erfüllt werden. Hier kommen die §§ 158, 159 SGB IX zum Zuge:

- Zunächst wird nach § 158 Abs. 1 SGB IX jeder Schwerbehinderte/Gleichgestellte gezählt, der auf einem Arbeitsplatz i. S. v. § 156 Abs. 1 SGB IX beschäftigt wird.
- Berücksichtigt werden auch Schwerbehinderte/Gleichgestellte, die auf Arbeitsplätzen i. S. v. § 156 Abs. 2 Nrn. 1 oder 4 SGB IX beschäftigt werden, also Arbeitnehmer in beruflicher Reha (die ja bei der Anzahl der Pflichtarbeitsplätze nicht berücksichtigt wurden).
- Bei einer Wochenarbeitszeit von 18 Stunden bis Vollzeit erfolgt volle Anrechnung auf einen PAP.
- Unter 18 Stunden Wochenarbeitszeit erfolgt keine Anrechnung – außer die Bundesagentur für Arbeit hat eine Anrechnung zugelassen, § 158 Abs. 2 S. 3 SGB IX. Dies gilt auch, wenn die Herabsetzung auf unter 18 Stunden auf einer Altersteilzeitregelung beruht, § 158 Abs. 2 S. 2 SGB IX. Die Anrechnung wird in der Regel vom Arbeitgeber oder dem Betroffenen beantragt.
- Auch Schwerbehinderte, die im Rahmen einer Maßnahme zur Förderung des Übergangs aus der Werkstatt für behinderte Menschen auf den allgemeinen Arbeitsmarkt beschäftigt werden, werden für die Zeit der Maßnahme angerechnet, § 158 Abs. 3 SGB IX.

- Inhaber eines Bergmannversorgungsscheins werden nach § 158 Abs. 5 SGB IX angerechnet.
- Schwerbehinderte (nicht aber gleichgestellte) Arbeitgeber in Personenunternehmen (§ 158 Abs. 4 SGB IX) werden angerechnet. Nicht aber Geschäftsführer einer GmbH/Vorstände einer AG[47], etc.
- Gem. § 159 Abs. 1 SGB IX können (schwerst-)behinderte Arbeitnehmer (vgl. § 155 Abs. 1 Nr. 1 SGB IX) durch die Bundesagentur für Arbeit auf bis zu 3 (!) PAP angerechnet werden, wenn deren Beschäftigung auf besondere Schwierigkeiten bei der beruflichen Teilhabe führt.
- Menschen in beruflicher Ausbildung werden während ihrer Ausbildung und bis ein Jahr danach automatisch auf 2 PAP angerechnet, § 159 Abs. 2 SGB IX. Mehrfachanrechnung nach Absatz 1 bleibt weiter möglich.

5.2.2.3 Ausgleichsabgabe, § 160 Abs. 1 und Abs. 2 SGB IX

Bei Nichterfüllung der Beschäftigungsquote ist die Ausgleichsabgabe zu zahlen.

Dies gilt unabhängig davon, **warum** die Quote nicht erfüllt wird!

Die Höhe der Zahlung ist abhängig vom Grad der Erfüllung. Je zu wenig besetzten PAP pro Monat ist zu zahlen (seit 2025):

- 155 Euro bei einer Beschäftigungsquote von 3 Prozent bis weniger als 5 Prozent
- 275 Euro bei einer Beschäftigungsquote von 2 Prozent bis weniger als 3 Prozent
- 405 Euro bei einer Beschäftigungsquote von weniger als 2 Prozent
- 815 Euro bei einer Beschäftigungsquote von 0 Prozent

Kleinarbeitgeber mit jahresdurchschnittlich weniger als

- 20 bis 40 Arbeitsplätzen müssen einen schwerbehinderten Menschen beschäftigen; sie zahlen 155 Euro/Monat bei weniger als einem schwerbehinderten Menschen (nicht ganzjährig) und 235 Euro pro Monat bei keinem schwerbehinderten Menschen;

---

[47] Feldes, § 158 RdNr. 5

- 41 bis 60 Arbeitsplätzen müssen 2 PAP besetzen; sie zahlen 155 Euro, wenn sie weniger als 2 PAP besetzen, 275 Euro, wenn weniger als 1 Pflichtarbeitsplatz besetzt ist und 465 Euro bei keinem schwerbehinderten Menschen.

Hinweis: Aufträge an anerkannte Werkstätten für behinderte Menschen und Blindenwerkstätten können gemäß § 223 SGB IX mit 50 Prozent des Gesamtrechnungsbetrages abzüglich der Materialkosten mit der Ausgleichsabgabe verrechnet werden.

Für die Erhebung und Verwendung der Ausgleichsabgabe ist das Integrationsamt zuständig (§ 185 Abs. 1 Nr. 1 SGB IX).

Ein Teil der Ausgleichsabgaben (2 %) fließt in den Ausgleichsfonds des Bundesministeriums für Arbeit und Soziales. Dieser finanziert überregionale Vorhaben zur Teilhabe schwerbehinderter Menschen am Arbeitsleben, § 161 SGB IX; dazu gehört auch die Förderung von Werkstätten für behinderte Menschen.

80 % der Ausgleichsabgabe fließt an die Integrationsämter der Länder. Die Ausgleichsabgabe darf nur für Zwecke der besonderen Leistungen zur Teilhabe am Arbeitsleben einschließlich der Begleitenden Hilfe im Arbeitsleben verwendet werden – beispielsweise für finanziellen Leistungen an Arbeitgeber und schwerbehinderte Menschen sowie die Finanzierung der Integrationsfachdienste.

Weitere 2 % der Ausgleichsabgabe erhalten die Integrationsämter zur Finanzierung der Einheitlichen Ansprechstellen für Arbeitgeber (§ 185a SGB IX).

Die Bundesagentur für Arbeit erhält 16 % der Ausgleichsabgaben. Daraus finanziert sie Leistungen an Arbeitgeber, die Menschen mit Schwerbehinderung die Teilhabe am Arbeitsleben ermöglichen.

Im Jahr 2020 wurden bundesweit knapp 697 Mio. Euro Ausgleichsabgabe vereinnahmt. Zu diesem Zeitpunkt waren die monatlichen Beträge allerdings noch deutlich geringer. Inzwischen dürfte die Zahl die Milliardengrenze geknackt haben.

5.2.2.4 Überwachung durch die SBV

Zunächst treffen die Arbeitgeber gegenüber den Behörden zwei Verpflichtungen:

1. Jedes Jahr zum 31.03. haben die Arbeitgeber der Bundesagentur für Arbeit anzuzeigen, ob und inwieweit die Beschäftigungs-

pflicht im vorherigen Jahr erfüllt wurde, § 163 Abs. 2 SGB IX. Dabei ist eine monatliche Aufstellung mit den PAP, beschäftigten Schwerbehinderten/Gleichgestellten und Mehrfachanrechnungen zu erstellen und zu übersenden. Ein Verstoß hiergegen stellt eine Ordnungswidrigkeit dar, § 238 Abs. 1 Nr. 3 SGB IX.

2. Daneben ist für jeden Betrieb/Dienststelle gesondert und laufend – also tagesaktuell – ein Verzeichnis der schwerbehinderten/gleichgestellten Menschen nach § 163 Abs. 1 SGB IX zu führen. Hierfür ist der einheitliche Vordruck der Integrationsämter/Bundesagentur für Arbeit zu verwenden.

   Wird das Verzeichnis nicht oder nicht richtig geführt, stellt das eine Ordnungswidrigkeit nach § 238 Abs. 1 Nr. 2 SGB IX dar. Integrationsamt und Bundesagentur für Arbeit haben jederzeit ein Einsichtsrecht.

5 **Wichtig:** SBV und Betriebs-/Personalrat haben gemäß § 163 Abs. 2 S. 3 SGB IX Anspruch auf eine Kopie der Anzeige der Daten zur Beschäftigungspflicht gegenüber der Bundesagentur für Arbeit (§ 163 Abs. 2 SGB IX) **und** des Verzeichnisses der schwerbehinderten Menschen (§ 163 Abs. 1 SGB IX). Die Zuständigkeit bezüglich der Überprüfung der Anzeige nach § 163 Abs. 2 SGB IX liegt dabei bei der Gesamt-SBV bzw. dem Gesamt-Betriebs-/Personalrat.[48]

Ein Verstoß hiergegen ist vor dem Arbeitsgericht einklagbar.

Hinweis: Über die Seite www.iw-elan.de können Arbeitgeber softwaregestützt ihre Verpflichtungen nach § 163 SGB IX erfüllen.

5.2.2.5 Sonstiges

Die Beschäftigungsquote stellt nur einen *Mindestanteil* an Arbeitsplätzen dar, die der Arbeitgeber mit Schwerbehinderten/Gleichgestellten besetzen muss. Auch bei Quotenerfüllung bestehen die weiteren Pflichten insbesondere des § 164 SGB IX fort (vgl. 5.2.3).

Wichtig: Die Nichterfüllung der Pflichtquote führt nicht zu einem Einstellungsanspruch eines einzelnen Schwerbehinderten/Gleichgestellten.

[48] Dau, § 163 RdNr. 10

5.2.3 Beteiligung der SBV im Bewerbungsverfahren und bei Einstellung – Rechte und Pflichten aus §§ 164, 165 SGB IX

Im Rahmen des Bewerbungsverfahrens ist die SBV an vielen Stellen zu beteiligen. Neben der – auch hier zu beachtenden – Anhörungspflicht des Arbeitgebers nach § 178 Abs. 2 SGB IX regeln insbesondere die §§ 164, 165 SGB IX weitere Pflichten des Arbeitgebers.

Wichtig: Zwar führt die Nichtbeteiligung der SBV auch hier nicht zur Unwirksamkeit der Einstellung, doch ist zu beachten, dass Verstöße gegen Beteiligungsrechte der SBV hier regelmäßig zu einer Vermutung der Diskriminierung behinderter Bewerber führen. Das wiederum kann im Rahmen von § 164 Abs. 2 SGB IX und des „Allgemeinen Gleichbehandlungsgesetzes" (AGG) zu Schadensersatzansprüchen des übergangenen Bewerbers führen (vgl. § 15 AGG; zum AGG vgl. unten 9.1.2.5).

5.2.3.1 Prüfpflicht, § 164 Abs. 1 S. 1 SGB IX

Wenn sich der Arbeitgeber entscheidet, einen neuen oder frei gewordenen Arbeitsplatz (wieder) zu besetzen, muss er gem. § 164 Abs. 1 S. 1 SGB IX anhand der konkreten Anforderungen prüfen, ob die Stelle mit einem schwerbehinderten/gleichgestellten Menschen besetzt werden kann (Einzelfallprüfung). Dies unabhängig davon, ob die Beschäftigungspflicht erfüllt ist oder nicht. Dies gilt auch für Stellen, die mit leitenden Angestellten besetzt werden sollen.[49]

Die SBV ist bei der Prüfung zu beteiligen (Unterrichtung und Anhörung!), §§ 164 Abs. 1 S. 6 i. V. m. 178 Abs. 1 S. 1 SGB IX. Der Betriebs-/Personalrat ist im Rahmen der Prüfung anzuhören, § 164 Abs. 1 S. 6 SGB IX.

Hinweis: Diese Prüfung dürfte in der Praxis eher kurz ausfallen. Denn welche Stelle ist so beschaffen, dass sie sich auf gar keinen Fall für irgendeinen Menschen mit Behinderungen eignet?

Klar, bei vielen Stellen gibt es Einschränkungen mit der ein oder anderen Behinderung. Ein Rollifahrer wird kaum als Bauarbeiter im Hochbau geeignet sein. Aber warum nicht z. B. ein Diabetiker? Der wiederum kommt als Fahrer eines Gefahrguttransportes nicht in Betracht, ein Mann nach Verlust seines Penis (GdB 50 nach Ziff. 13.1 VersMedV) aber durchaus.

---

[49] Feldes, § 164 RdNr. 3b

In vielen Seminaren haben wir das Thema diskutiert und bisher haben wir eigentlich nur den Astronauten gefunden – allerdings: Ganz sicher sind wir uns da auch nicht.

Fazit: Letztlich wird sich jede Stelle grundsätzlich auch für Menschen mit Behinderung eignen – es kommt halt auf die Behinderung an.

Allerdings dient die Prüfung auch dazu, die erforderlichen Qualifikationen für den betroffenen Arbeitsplatz festzustellen.

Beispiel:

Beispielsweise sollten folgende Fragen geklärt werden:

- Ist ständiges Stehen oder Sitzen erforderlich?
- Kann die Tätigkeit im Wechsel von Stehen und Sitzen verrichtet werden?
- Entstehen körperliche Zwangshaltungen?
- Handelt es sich um körperlich schwere oder leichte Arbeit?

Diese Fragen sollten im Übrigen schon im Rahmen von Gefährdungsbeurteilungen (vgl. §§ 5, 6 ArbSchG) geklärt werden.

5.2.3.2 Meldepflicht bei der Bundesagentur für Arbeit, § 164 Abs. 1 S. 2 SGB IX

Die zuständige Bundesagentur für Arbeit ist (zwingend!) über freie Stellen, welche sich auch für Schwerbehinderte/Gleichgestellte eignen – also faktisch über alle zu besetzenden Stellen – zu informieren. Dies, damit die Bundesagentur für Arbeit oder ein Integrationsfachdienst geeignete Schwerbehinderte/Gleichgestellte vorschlagen kann. Die Veröffentlichung des Stellenangebots über die Jobbörse der Bundesagentur für Arbeit stellt keine Meldung im Sinne von § 165 S. 1 SGB IX dar.[50]

Dies gilt auch, wenn die Stelle (eigentlich) nur intern ausgeschrieben werden soll (sehr strittig; anders: LAG Köln[51]).

Das Unterlassen der Meldung begründet nach Auffassung des BAG schon für sich die Vermutung (= ein Indiz nach § 22 AGG), dass der schwerbehinderte Mensch im Auswahl-/Stellenbesetzungsverfahren

---

50 BAG v. 25.11.2021 – Az. 8 AZR 313/20

51 LAG Köln v. 08.02.2020 – Az. 5 TaBV 73/09; vgl. Dau, § 164 RdNr. 136

wegen der Schwerbehinderung nicht berücksichtigt und damit wegen der Schwerbehinderung benachteiligt wurde. Nach Auffassung des BAG kommt es somit nicht mehr darauf an, ob weitere Verstöße gegen die zugunsten schwerbehinderter Menschen getroffenen Verfahrens- und/oder Förderpflichten vorlagen.[52]

Im **öffentlichen Dienst** regelt § 165 SGB IX, dass die Meldung erst nach einer erfolglosen Prüfung zur internen Besetzung erfolgen muss. Dafür haben allerdings schwerbehinderte/gleichgestellte Bewerber einen Anspruch auf Einladung zum Vorstellungsgespräch, wenn sie denn nicht offensichtlich fachlich ungeeignet sind.

Beispiel:

Auf eine ausgeschriebene Stelle für einen Chirurgen bewirbt sich ein schwerbehinderter Tierpfleger. Dieser ist offensichtlich fachlich ungeeignet und muss natürlich nicht eingeladen werden. Anders sähe es schon aus, wenn der Bewerber Orthopäde ist.

Geht dem öffentlichen Arbeitgeber die Bewerbung einer fachlich nicht offensichtlich ungeeigneten schwerbehinderten oder dieser gleichgestellten Person zu, muss er diese nach § 165 S. 2 SGB IX zu einem Vorstellungsgespräch sogar dann einladen, wenn lediglich eine (ausschließlich) interne Stellenausschreibung erfolgte.[53]

5.2.3.3 Vermittlungsvorschläge und Bewerbungen Schwerbehinderter/Gleichgestellter

Gemäß § 164 Abs. 1 S. 4 SGB IX hat der Arbeitgeber sowohl die SBV als auch den Betriebs-/Personalrat über

- alle Vermittlungsvorschläge der Bundesagentur für Arbeit bzw. der Integrationsfachdienste und
- über alle Bewerbungen von Schwerbehinderten/Gleichgestellten
- unmittelbar nach Eingang (nicht z. B. erst im Verfahren nach § 99 BetrVG)

zu unterrichten.

---

[52] BAG v. 25.11.2021 – Az. 8 AZR 313/20
[53] BAG v. 25.06.2020 – Az. 8 AZR 75/19

In der Praxis passiert dies leider sehr oft nicht; vor allem erfolgt die Information von Betriebs-/Personalrat meist erst im Rahmen des Zustimmungsverfahrens (vgl. § 99 BetrVG/§ 75 Abs. 1 Nr. 1 BPersVG).

5.2.3.4 Bewerbungsunterlagen, Teilnahme an Bewerbungsgesprächen

Bewirbt sich ein Schwerbehinderter/Gleichgestellter oder liegen Vermittlungsvorschläge der Bundesagentur für Arbeit bzw. der Integrationsfachdienste vor, hat die SBV ein **Einsichtsrecht** in die entscheidungsrelevanten Teile der **Bewerbungsunterlagen.**

Zudem steht ihr ein **Teilnahmerecht** an den **Vorstellungsgesprächen** zu (auch hinsichtlich nichtbehinderter Bewerber).

Wenn sich ein Schwerbehinderter/Gleichgestellter innerhalb der Bewerbungsfrist bewirbt, hat die SBV das Recht zur Teilnahme an allen Bewerbungsgesprächen (§ 178 Abs. 2 S. 1 und 4 SGB IX), also auch an den Gesprächen mit den nicht behinderten Bewerbern.[54]

Damit soll sie die Eignung der Bewerber vergleichen und eine Stellungnahme abgeben können.

Aber: Bei Bewerbungen schwerbehinderter Menschen ist die SBV nicht zu beteiligen, wenn der schwerbehinderte Mensch die Beteiligung der SBV ausdrücklich ablehnt, § 164 Abs. 1 S. 10 SGB IX. Das kann dazu führen, dass die SBV zwar bei den Bewerbungsgesprächen der nichtbehinderten Bewerber dabei ist, nicht aber bei dem der Schwerbehinderten/Gleichgestellten.

Die SBV soll die Bewerbungsgespräche auf Augenhöhe mit dem Arbeitgeber führen. Sie unterliegt in ihrer Amtstätigkeit, zu der auch die Beteiligung an Bewerbungsgesprächen gehört, keinem Weisungsrecht des Arbeitgebers.[55] Die SBV darf dem Bewerber im Vorstellungsgespräch auch Fragen stellen.[56]

Das Teilnahmerecht der SBV an Vorstellungsgesprächen kann der Arbeitgeber nicht dadurch umgehen, dass er mit den Vorstellungsgesprächen mit nicht behinderten Bewerbern bereits vor Ablauf der Bewerbungsfrist mit dem Hinweis beginnt, es hätten sich bislang noch keine schwerbehinderten Menschen beworben.[57]

---

[54] Hessisches LAG, Beschluss v. 17.03.2016 – Az. 9 TaBV 128/15
[55] BAG, Urteil v.om 21.02.2013 – Az. 8 AZR 180/12
[56] BAG, Urteil v.om 21.02.2013 – Az. 8 AZR 180/12
[57] Hessisches LAG, Beschluss v. 17.03.2016 – Az. 9 TaBV 128/15

Führt der Arbeitgeber dennoch Bewerbungsgespräche mit nicht behinderten Bewerbern durch, bevor die Bewerbungsfrist abgelaufen ist, muss er unter Beteiligung der SBV die bereits geführten Bewerbungsgespräche wiederholen, wenn sich binnen der Bewerbungsfrist ein schwerbehinderter Mensch bewirbt. Anderenfalls hätte die SBV keine Vergleichsmöglichkeit.[58]

Besetzt der Arbeitgeber eine Stelle bereits vor Ablauf der Bewerbungsfrist kann sich schon hieraus eine nach dem AGG entschädigungspflichtige Diskriminierung der nicht berücksichtigten schwerbehinderten Bewerber ergeben, da ihnen eine Chance versagt wurde.[59]

Praxis-Problem:

Oftmals finden sich in der Praxis Dauer-Stellenausschreibungen ohne eine konkrete Bewerbungsfrist. Dies meist dann, wenn immer Stellen zu besetzen sind, wie z. B. in der Krankenpflege. Da stellt sich dann die Frage, ab wann hier Bewerbungsgespräche nachgeholt werden müssen? Pragmatisch kann man dies m. E. so lösen, dass man die Teilnahme der SBV an Vorstellungsgesprächen ab dem Moment des Eingangs der Bewerbung des Schwerbehinderten bis zur Besetzung der nächstfolgenden Stelle durchführt.

Der Arbeitgeber hat die SBV vor seiner Entscheidung **anzuhören**, § 178 Abs. 2 S. 1 SGB IX.

Praxis-Tipp:

Hier zeigt sich wieder einmal, dass es problematisch werden kann, wenn es zu zeitweiligen Verhinderungen der Vertrauensperson kommt. Denn es macht wenig Sinn, wenn an einem Teil der Vorstellungsgespräche die Vertrauensperson teilnimmt, an anderen wiederum der Stellvertreter. Klären Sie am besten die Vorgehensweise hier mit Ihrem Arbeitgeber ab.

Übrigens: Dem Betriebs-/Personalrat steht kein Teilnahmerecht an Vorstellungsgesprächen zu.

58 Hessisches LAG, Beschluss v. 17.03.2016 – Az. 9 TaBV 128/15
59 BAG, Urteil v. 17.08.2010 – Az. 9 AZR 839/08

5.2.3.5 (Vor-)Auswahl eines Bewerbers (§ 164 Abs. 1 S. 7 bis 10 SGB IX)

Ein Verfahren, welches in der Praxis auch leider häufig nicht so durchgeführt wird, wie es an sich vorgeschrieben ist:

- Erfüllt der Arbeitgeber seine Beschäftigungspflicht (Quote) nicht und
- ist die SBV bzw. der Betriebs-/Personalrat mit der Entscheidung des Arbeitgebers nicht einverstanden, dann
- ist der Arbeitgeber verpflichtet, seine Einstellungsentscheidung unter Angabe der Gründe mit der SBV bzw. dem Betriebs-/Personalrat zu erörtern.
- Der betroffene Schwerbehinderte/Gleichgestellte wird angehört.

Ausnahme: Die SBV ist nicht zu beteiligen, wenn der Betroffene deren Beteiligung ablehnt, § 164 Abs. 1 S. 10 SGB IX.

Über die getroffene Entscheidung sind SBV bzw. Betriebs-/Personalrat sodann unverzüglich unter Darlegung der Gründe zu unterrichten, § 164 Abs. 1 S. 9 SGB IX.

5.2.4 Beteiligung der SBV bei Versetzungen

Eine Versetzungsweisung ist eine einseitige Entscheidung des Arbeitgebers. Das bedeutet, dass der SBV das **Anhörungsrecht** gem. § 178 Abs. 2 S. 1 SGB IX zusteht. Der SBV ist vor Ausspruch der Versetzung gegenüber einem Schwerbehinderten/Gleichgestellten Gelegenheit zur Stellungnahme zu geben. Dies gilt auch, wenn der Betroffene mit der Versetzung einverstanden ist.

Möglicherweise schaffen Sie es ja, den Arbeitgeber von einer belastenden Versetzungsidee abzubringen. Allerdings gilt auch hier: Eine ohne Beteiligung der SBV ausgesprochene Versetzung ist deshalb nicht unwirksam!

Praxis-Tipp:

Suchen Sie im Betriebs-/Personalrat Verbündete. Eine Versetzung – und logisch auch die Versetzung eines Schwerbehinderten/Gleichgestellten – bedarf nämlich der Zustimmung des Betriebsrats gem. § 99 BetrVG. Der Personalrat hat nach § 75 Abs. 1 Nrn. 2, 3 BPersVG mitzubestimmen.

5.2.5 Beteiligung der SBV bei Aufhebungsverträgen

Der Abschluss eines Aufhebungsvertrages ist keine einseitige Entscheidung des Arbeitgebers, sondern ein Vertrag. Die SBV ist daher nach Ansicht des BAG[60] bei den Verhandlungen nicht zu beteiligen. Sie ist nur über den – womöglich bereits abgeschlossenen – Aufhebungsvertrag zu unterrichten.

Aufhebungsverträge sind jedoch brandgefährlich. Der Schwerbehinderte/Gleichgestellte gibt seinen besonderen Kündigungsschutz auf. Meistens erfolgt dann noch eine 12-wöchige Sperrfrist beim Arbeitslosengeld. Und unter Umständen wird auch noch die Abfindung teilweise auf das Arbeitslosengeld angerechnet. Seinen Job ist man sowieso los.

Praxis-Tipp:

Niemand – vor allem nicht Schwerbehinderte/Gleichgestellte – sollte daher ohne fundierte, vorherige Beratung einen Aufhebungsvertrag unterschreiben.

Sensibilisieren Sie also Ihre Kollegen, dass diese gegebenenfalls von sich aus auf Sie zukommen! Stellen Sie klar, dass Sie als SBV (und auch Betriebsrat / Personalrat) **nicht** vorab über derartige Vertragsentwürfe oder Arbeitgeberabsichten informiert werden (müssen).

Und verweisen Sie dann zu entsprechenden Fachleuten, etwa zu einem Fachanwalt für Arbeitsrecht oder einem Fachanwalt für Sozialrecht (Hausarzt-Prinzip!, vgl. 1.3).

5.2.6 Beteiligung der SBV bei Abmahnungen

Mit einer Abmahnung rügt der Arbeitgeber ein vertragswidriges Fehlverhalten des Arbeitnehmers und droht gleichzeitig für den Fall der Wiederholung negative Rechtsfolgen – meist die Kündigung – an.

Sinn der Abmahnung ist es eigentlich, dem Arbeitnehmer die Chance zur Besserung zu geben und eine Kündigung abzuwenden.

Daher muss der Arbeitnehmer auch **Kenntnis vom Inhalt** der Abmahnung nehmen können. Dies führt unter Umständen dazu, dass

---

[60] BAG v. 14.03.2012 – Az. 7 ABR 67/10

die Abmahnung übersetzt werden muss, beispielsweise in eine andere Sprache, oder gar in Blindenschrift oder barrierefreie Sprache.

Leider sehen einige Arbeitgeber die Abmahnung allerdings nur als lästiges Mittel zur Vorbereitung einer Kündigung an.

Damit eine Abmahnung auch die Folgen einer Abmahnung hat, muss sie **drei Elemente** enthalten bzw. Funktionen erfüllen:

1) *Dokumentationsfunktion*

   Eindeutige Beanstandung eines bestimmten Verhaltens; dem Mitarbeiter muss klar werden, was ihm konkret vorgeworfen wird.

   Beispiel: „Am 01.12. sind Sie unentschuldigt zwei Stunden zu spät zur Arbeit erschienen."

2) *Rügefunktion*

   Klarstellung, dass das beanstandete Verhalten nicht akzeptiert wird.

   Beispiel: „Deswegen mahnen wir Sie ab" oder „Das ist nicht hinnehmbar."

3) *Warnfunktion*

   Androhung von klaren Konsequenzen für den Wiederholungsfall.

   Beispiel: „Im Wiederholungsfall haben Sie mit arbeitsrechtlichen Konsequenzen bis hin zur Kündigung zu rechnen."

Fehlt eines dieser Elemente (oftmals in der Praxis ist dies die Warnfunktion), ist die Abmahnung das Papier nicht wert, auf dem sie steht. Dann handelt es sich allenfalls um eine – arbeitsrechtlich bedeutungslose – Ermahnung.

Da die Abmahnung eine Erfindung der Rechtsprechung ist, gibt es keine gesetzlichen (Form-)Vorschriften. Üblicherweise wird aber aus Beweiszwecken eine schriftliche Abmahnung erteilt werden.

Zur Abmahnung **berechtigt** ist jede fachlich und/oder disziplinarisch weisungsberechtigte Person oder vom Arbeitgeber hierzu beauftragte Personen (z. B. Anwälte). Diese Personen müssen nicht zur Kündigung berechtigt sein.

Untergebene dürfen ihre Vorgesetzten nicht abmahnen.

Viele Unternehmen haben allerdings eine „Abmahnkultur" entwickelt. Meist wird dort eine Abmahnung über die Personalabteilung oder sog. „HR-Businesspartner" ausgesprochen.

Vorweggenommene Abmahnungen (*z. B. „Wenn Sie morgen nicht pünktlich kommen, können Sie sich als abgemahnt betrachten!"*) sind ebenso wirkungslos wie Abmahnungen, die durch Zeitablauf gegenstandslos geworden sind. Die „**Halbwertszeit**" einer Abmahnung beträgt +/- zwei Jahre.

Beispiele:

- Eine Abmahnung wegen eines lapidaren Verstoßes wie fünf Minuten zu spät kommen wird sicher keine zwei Jahre vorhalten.
- Eine Abmahnung wegen eines Diebstahls oder einer Tätlichkeit gegenüber einem Kollegen wird allerdings sicher deutlich länger halten.

Man könnte hier noch einige Seiten nur mit dem Thema Abmahnung füllen. Doch was ist mit der **Beteiligung der SBV**?

Nun, die Abmahnung ist klar eine einseitige Entscheidung des Arbeitgebers. Das bedeutet, dass der SBV das **Anhörungsrecht** gem. § 178 Abs. 2 S. 1 SGB IX zusteht. Der SBV ist vor Ausspruch der Abmahnung gegenüber einem Schwerbehinderten/Gleichgestellten Gelegenheit zur Stellungnahme zu geben.

Möglicherweise schaffen Sie es ja, den Arbeitgeber von der Abmahnung abzubringen. Allerdings gilt auch hier: Eine ohne Beteiligung der SBV ausgesprochene Abmahnung ist deshalb nicht unwirksam!

Hinweis: Es ist nicht von der Hand zu weisen, dass eine Abmahnung gegebenenfalls zu einer Gefährdung des Arbeitsverhältnisses des schwerbehinderten Menschen führen kann. Von daher sollte auch immer geprüft werden, ob nicht vorab oder zusätzlich ein Präventionsverfahren nach § 167 Abs. 1 SGB IX durchzuführen ist (vgl. 7.2.1).

Wichtig: Dem Betriebs-/Personalrat steht kein Anhörungs- oder auch nur Informationsrecht bei Abmahnungen zu. Diese erfahren davon oft erst im Rahmen der Anhörung zu einer Kündigung.

5.2.7 Beteiligung der SBV bei Kündigungen

Seit 30.12.2016 heißt es in § 178 Abs. 2 S. 3 SGB IX:

§ 178 Abs. 2 S. 3 SGB IX

„Die Kündigung eines schwerbehinderten Menschen, die der Arbeitgeber ohne eine Beteiligung nach Satz 1 ausspricht, ist unwirksam."

Eine verhältnismäßig neue Norm, die die Wertigkeit der SBV eindeutig erhöht hat.

Eine entscheidende Frage, die sich hier stellt, ist: **Wann ist die SBV (zeitlich) anzuhören?**

Letztlich sind hier zwei Zeitpunkte denkbar:

- **Variante 1:** § 178 Abs. 2 Satz 1 SGB IX sieht dem Wortlaut nach
5 vor, dass der Arbeitgeber die Schwerbehindertenvertretung „unverzüglich" informieren muss. Das würde bedeuten, dass die SBV schon zu beteiligen wäre, bevor der Arbeitgeber das Integrationsamt um Zustimmung zur Kündigung bittet. Denn die Kündigungsabsicht steht ja schon fest, wenn der Antrag an das Integrationsamt gestellt wird.
- **Variante 2:**Wie dies beim Betriebsrat in § 102 BetrVG geregelt ist, erfolgt die Anhörung dann, wenn alle Kündigungsvoraussetzungen vorliegen. Zu diesen gehört auch die Zustimmung des Integrationsamts zur Kündigung.

Das BAG[61] hat zu dieser Frage entschieden, dass die Kündigung eines schwerbehinderten Arbeitnehmers nicht allein deshalb unwirksam ist, weil der Arbeitgeber die Schwerbehindertenvertretung nicht unverzüglich über seine Kündigungs**absicht** unterrichtet oder ihr das Festhalten an seinem Kündigungsentschluss nicht unverzüglich mitgeteilt hat.

Nach der Auffassung des BAG richtet sich der erforderliche Inhalt der Anhörung ebenso wie die Dauer der Frist, in der die Stellungnahme erfolgen soll, **nach den Regeln für die Anhörung des Betriebsrats (§ 102 BetrVG)**. Es gilt also Variante 2.

Aus Sicht des BAG hatte das Berufungsgericht im zugrunde liegenden Fall danach zu Unrecht angenommen, die Kündigung sei unwirksam, weil der Arbeitgeber die Schwerbehindertenvertretung

---

[61] BAG v. 13.12.2018 – Az. 2 AZR 378/18

erst nach Abschluss des Verfahrens vor dem Integrationsamt und nach Anhörung des Betriebsrats beteiligt habe. Nach BAG muss also die Anhörung der SBV nicht notwendig vor der Entscheidung, aber jedenfalls – wie beim Betriebsrat – vor Vollziehung der Entscheidung erfolgen.

Fazit: In aller Regel müssen damit die Anhörungen von SBV und Betriebs-/Personalrat zeitgleich stattfinden. Beide haben dann

- bei außerordentlichen (meist fristlosen) Kündigungen drei Kalendertage,
- bei ordentlichen Kündigungen sieben Kalendertage

Zeit, ihre Stellungnahmen abzugeben.[62]

Achtung: Betriebsrat/Personalrat und SBV haben Anrecht auf jeweils eine eigene Anhörung! Ist also der Betriebsratsvorsitzende zugleich Vertrauensperson, ist es richtig, dass er zwei Anhörungen bekommt – eine für den Betriebsrat und eine für die SBV.

Praxis-Tipp:

Auch hier macht es Sinn, Synergieeffekte zu nutzen und die Stellungnahmen gemeinsam mit dem Betriebs-/Personalrat zu verfassen.

Zudem wird sowohl die SBV als auch der Betriebs-/Personalrat im Vorfeld seitens des Integrationsamts zur Kündigungsabsicht des Arbeitgebers angehört.

Auch hier kann man sich schon zusammentun und Argumente vorbringen, die man dann später bei der Anhörung durch den Arbeitgeber quasi schon fertig in der Schublade liegen hat.

5.2.7.1 Anhörung durch das Integrationsamt

SBV und Betriebs-/Personalrat werden seitens des Integrationsamtes zur Kündigungsabsicht des Arbeitgebers angehört. Sofern Sie eine Stellungnahme abgeben wollen, beachten Sie bitte die seitens der Behörde gesetzten Fristen – denn eine Entscheidung ergeht auch, wenn Sie sich nicht geäußert haben! Meist gewähren die Integrati-

[62] analoge Anwendung der Fristen von § 102 BetrVG: BAG v. 13.12.2018 – Az. 2 AZR 378/18

onsämter allerdings Fristverlängerungen – wenn man sie rechtzeitig beantragt.

Nachfolgend grob der Verfahrensablauf:

Kündigung und Beteiligung des Integrationsamts

1. Der Arbeitgeber beantragt vor Ausspruch der Kündigung die Zustimmung zur Kündigung beim Integrationsamt, §§ 168, 170 Abs. 1 SGB IX. Ausnahme: Fälle des § 173 SGB IX (vgl. 9.6.1)
2. Das Integrationsamt soll bei ordentlichen Kündigungen binnen eines Monats ab Antragseingang entscheiden (§ 171 Abs. 1 S. 1 SGB IX). Bei außerordentlichen Kündigungen muss es binnen zwei Wochen entscheiden (§ 174 Abs. 3 SGB IX).

   Das Integrationsamt wirkt auf eine gütliche Einigung hin, § 170 Abs. 3 SGB IX. Es holt Stellungnahmen ein von:

   - Betriebs-/Personalrat
   - SBV
   - betroffenem Schwerbehinderten/Gleichgestellten
3. Die Entscheidung wird sodann gem. § 171 Abs. 2 S. 1 SGB IX zugestellt an den:

   - betroffenen Schwerbehinderten/Gleichgestellten
   - Arbeitgeber

   Eine Abschrift der Entscheidung erhält die Bundesagentur für Arbeit, § 171 Abs. 2 S. 2 SGB IX.
4. Der Arbeitgeber kündigt den schwerbehinderten/gleichgestellten Menschen nach Erhalt der Zustimmung

   - unverzüglich bei außerordentlichen Kündigungen, § 174 Abs. 5 SGB IX,
   - binnen eines Monats ab Zustellung, § 171 Abs. 3 SGB IX.
5. Der Schwerbehinderte/Gleichgestellte kann Widerspruch an das Integrationsamt/Klage an das Verwaltungsgericht erheben.

   Diese Rechtsmittel haben aber keine aufschiebende Wirkung. Das bedeutet, der Arbeitgeber kann trotzdem kündigen.

   Und bei dem immensen Tempo, welches die Verwaltungsgerichte an den Tag legen, ist der arbeitsgerichtliche Prozess in der Regel lange vorbei, wenn es hier zur Verhandlung kommt – so jedenfalls meine anwaltschaftliche Erfahrung.

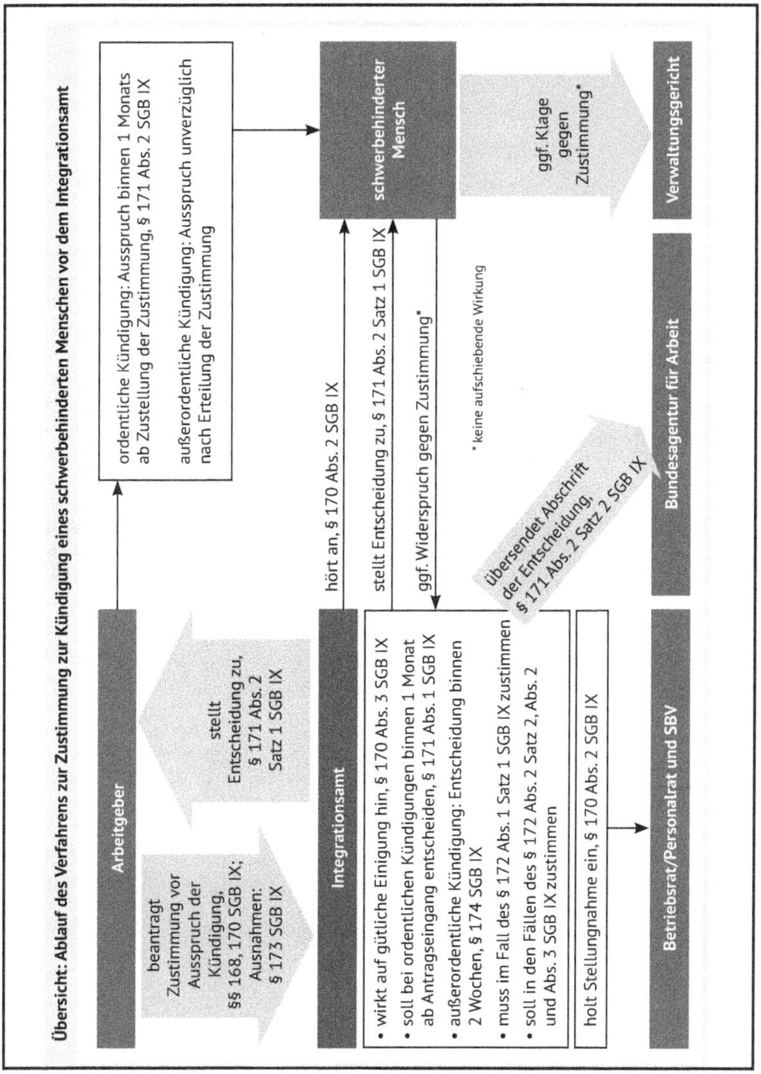

Hinweis:

Sofern der Kündigungsschutz des schwerbehinderten Menschen noch nicht greift, da die 6-monatige Wartezeit des § 173

Abs. 1 Nr. 1 SGB IX noch nicht abgelaufen ist, ist die Kündigung dem Integrationsamt binnen vier Tagen anzuzeigen, § 173 Abs. 4 SGB IX.

5.2.7.2 Anhörung durch den Arbeitgeber

Die SBV ist – wie gerade dargestellt – durch den Arbeitgeber vor allen Kündigungen anzuhören, ansonsten ist die Kündigung unwirksam. Die Anhörungspflicht betrifft:

- ordentliche (personen-, verhaltens-, betriebsbedingte) Kündigung

  Dazu zählt auch eine Kündigung in den ersten sechs Monaten, obwohl das KSchG und der besondere Kündigungsschutz nach §§ 168 ff. SGB IX noch nicht greifen (sog. Probezeit-Kündigungen)

- außerordentliche Kündigung

5

- Änderungskündigung (§ 2 KSchG)

  Achtung: Bei einer Änderungskündigung muss gegebenenfalls zudem eine Anhörung gem. § 178 Abs. 2 S. 1 SGB IX wegen einer Versetzung und/oder Umgruppierung erfolgen.

Inhaltlich hat der Arbeitgeber im Rahmen der Anhörung alle Tatsachen/Kündigungsgründe mitzuteilen, die er zur Begründung der Kündigung verwenden möchte. Dazu gehören z. B. auch Abmahnungen, auf die die Kündigung gestützt werden soll.

Merke:
Zahlen, Daten, Fakten, die der SBV (oder dem Betriebs-/Personalrat) im Rahmen der Kündigungsanhörung nicht vorgelegt wurden, kann der Arbeitgeber im späteren Kündigungsschutzprozess nicht verwenden!

Die SBV hat dann bei außerordentlichen (meist fristlosen) Kündigungen drei Kalendertage, bei ordentlichen Kündigungen sieben Kalendertage Zeit, ihre Stellungnahme abzugeben.

5.2.7.3 Wie kann die SBV versuchen, eine Kündigung abzuwenden?

Wirklich verhindern kann die SBV eine Kündigung ebenso wenig wie der Betriebs-/Personalrat.

Dennoch sind vor allem drei Bereiche denkbar, mit denen eine SBV gegebenenfalls verhindern kann, dass beim Arbeitgeber (berechtigte) Kündigungswünsche aufkeimen oder Früchte tragen:

- Prävention: § 167 Abs. 1 SGB IX (vgl. 7.2.1)
- Betriebliches Eingliederungsmanagement (BEM), § 167 Abs. 2 SGB IX (vgl. 7.2.2)
- Stellungnahme gegenüber Integrationsamt (vgl. 5.2.7.1)

Sie sehen also, es kann sich lohnen, schon sehr frühzeitig tätig zu werden.

5.2.8 Aussetzung einer Entscheidung des Arbeitgebers

Was passiert, wenn der Arbeitgeber die SBV einfach übergeht, vor allem wenn er das Anhörungsrecht der SBV nach § 178 Abs. 2 S. 1 SGB IX nicht beachtet?

Verstöße gegen die **Unterrichtungspflicht** stellen gem. § 238 Abs. 1 Nr. 8 SGB IX eine Ordnungswidrigkeit dar, welche gem. § 238 Abs. 3 SGB IX von der Bundesagentur für Arbeit verfolgt werden.

In der Praxis zeigt sich hier allerdings kein allzu großer Verfolgungseifer.

Erfolgt die Beteiligung der SBV gem. § 178 Abs. 2 S. 1 SGB IX **(Unterrichtung und/oder Anhörung)** nicht, kann die SBV die Durchführung/den Vollzug der Maßnahme aussetzen und den Arbeitgeber auffordern, die Beteiligung nachzuholen.

Die Beteiligung der SBV ist dann innerhalb von sieben Tagen nachzuholen, sodann ist endgültig zu entscheiden, § 178 Abs. 2 S. 2 SGB IX.

Beispiel:

Eine Schwerbehinderte soll kurzfristig für zwei Wochen eine Urlaubsvertretung in einer anderen Filiale übernehmen, die sie aufgrund ihrer Behinderung nur sehr schwer erreichen kann. Die SBV wurde nicht beteiligt. Die Vertrauensperson setzt die Entscheidung des Arbeitgebers aus.

Konsequenz: Der Arbeitgeber darf nun die Versetzung nicht durchführen, bevor die Anhörung der SBV nachgeholt wurde. Faktisch wird damit die Versetzung vermutlich wegen Zeitablaufs sinnlos.

5.3 Behindertengerechte Arbeitsplätze, § 164 Abs. 4 SGB IX

Kann der Schwerbehinderte/Gleichgestellte die vertraglich geschuldete Arbeitsleistung nicht mehr erbringen, hat er Anspruch auf behindertengerechte Beschäftigung gem. **§ 164 Abs. 4 SGB IX**. Die SBV hat insoweit ein Überwachungsrecht/eine Überwachungspflicht nach § 178 Abs. 1 S. 1 SGB IX.

Zur behindertengerechten Beschäftigung gehören nach der gesetzlichen Regelung – jeweils unter Berücksichtigung der Behinderung und ihrer Auswirkungen auf die Beschäftigung – insbesondere:

- Abs. 4 S. 1 Nr. 1: „Beschäftigung, bei der sie ihre Fähigkeiten und Kenntnisse möglichst voll verwerten und weiterentwickeln können".

   Hier geht es um einen behinderungsgerechten Arbeitseinsatz, also um einen Arbeitsplatz, der so ausgestaltet ist, dass der Schwerbehinderte/Gleichgestellte wieder in die Lage versetzt wird, die gleiche Leistung wie ein Nichtbehinderter zu erbringen.[63]

  Es geht allerdings nicht darum, dem Betroffenen einen „Wunsch-Arbeitsplatz" zu designen. Auch besteht kein Anspruch auf die Neuschaffung eines Arbeitsplatzes.[64]

- Abs. 4 S. 1 Nr. 2: „bevorzugte Berücksichtigung bei innerbetrieblichen Maßnahmen der beruflichen Bildung zur Förderung ihres beruflichen Fortkommens".

  Abs. 4 S. 1 Nr. 3: „Erleichterungen im zumutbaren Umfang zur Teilnahme an außerbetrieblichen Maßnahmen der beruflichen Bildung".

  Diese Fortbildungsverpflichtungen sind als Teil der sog. Förderungspflicht des Arbeitgebers anzusehen. Auch sie sollen den Schwerbehinderten/Gleichgestellten die Ausgangsbasis dafür schaffen, dass sie in die Lage versetzt werden, die gleichen Leistungen wie nichtbehinderte Kollegen zu bringen. Leider werden in der Praxis gelegentlich aber gerade die schwerbehinderten/gleichgestellten Arbeitnehmer im Bereich der Fort- und Weiterbildung abgehängt.

---

63 vgl. Feldes, § 164 RdNr. 44

64 vgl. LAG Schleswig-Holstein v. 07.06.2005 – Az. 5 Sa 68/05

Kein Anspruch besteht allerdings darauf, dass überhaupt Bildungsmaßnahmen durchgeführt werden.

- Abs. 4 S. 1 Nr. 4: „behinderungsgerechte Einrichtung und Unterhaltung der Arbeitsstätten einschließlich der Betriebsanlagen, Maschinen und Geräte sowie der Gestaltung der Arbeitsplätze, des Arbeitsumfelds, der Arbeitsorganisation und der Arbeitszeit, unter besonderer Berücksichtigung der Unfallgefahr".

  Neben Arbeitsumfeld, Arbeitsorganisation und Arbeitszeiten geht es hier insbesondere um betriebliche Anlagen wie Sanitärräume, Kantine, Zugang zum Betriebs-/Personalratsbüro, barrierefreie Türen, Pausenräume, Bereitschaftsräume usw.[65]

  Hier ist insbesondere **§ 3a Abs. 2 ArbStättV** zu berücksichtigen: „Beschäftigt der Arbeitgeber Menschen mit Behinderungen, hat er die Arbeitsstätte so einzurichten und zu betreiben, dass die besonderen Belange dieser Beschäftigten im Hinblick auf die Sicherheit und den Schutz der Gesundheit berücksichtigt werden. Dies gilt insbesondere für die barrierefreie Gestaltung von Arbeitsplätzen, Sanitär-, Pausen- und Bereitschaftsräumen, Kantinen, Erste-Hilfe-Räumen und Unterkünften sowie den zugehörigen Türen, Verkehrswegen, Fluchtwegen, Notausgängen, Treppen und Orientierungssystemen, die von den Beschäftigten mit Behinderungen benutzt werden."

- Abs. 4 S. 1 Nr. 5: „Ausstattung ihres Arbeitsplatzes mit den erforderlichen technischen Arbeitshilfen".

  Hier geht es um speziellere, auf den jeweiligen Schwerbehinderten/Gleichgestellten angepasste Einrichtungen, z. B. Hebehilfen für Rückengeschädigte, spezielle Telefone für Hörbehinderte, spezielle Monitore für Sehbehinderte, spezielle Software für Blinde.

Im Rahmen des § 164 Abs. 4 S. 1 Nrn. 1, 4 und 5 SGB IX unterstützen die Integrationsämter und die Bundesagentur für Arbeit die Arbeitgeber.

Allerdings bedingen die oben dargestellten Ansprüche, dass ihre Erfüllung für den Arbeitgeber **zumutbar** und **nicht** mit **unverhältnismäßigen** Aufwendungen verbunden ist. Zudem müssen **Arbeits-**

[65] vgl. Dau, § 164 RdNr. 199

schutzvorschriften natürlich eingehalten werden, § 164 Abs. 4 S. 3 SGB IX.

Die SBV hat im Rahmen der behindertengerechten Arbeitsplatzgestaltung einiges zu tun.

Einer der wichtigsten Punkte – auch wenn dies eigentlich Sache des Arbeitgebers ist – ist die **Klärung von Finanzierungsmöglichkeiten**. Vor allem Leistungen zur Teilhabe am Arbeitsleben gemäß §§ 49, 50 SGB IX durch die Reha-Träger (vgl. 7.7) oder Unterstützungen durch das Integrationsamt (vgl. 4.3.2.1) über § 185 ff. SGB IX kommen hier in Betracht.

Denn wenn Sie schon im Vorfeld Finanzierungen geklärt haben, kann der Arbeitgeber sich nur noch schwer auf „unverhältnismäßige Aufwendungen" berufen.

Auch die **Überwachungspflicht** nach § 178 Abs. 1 Nr. 1 SGB IX ist hier nochmals als wichtige Aufgabe der SBV zu nennen.

Praxis-Tipp:

Da Sie ja inzwischen sicherlich gute Verbindungen zum Integrations-Fachdienst (IFD) aufgebaut haben, gehen Sie in solchen Fällen doch auf diesen zu und bitten Sie um Unterstützung. Machen Sie Betriebsrundgänge, befragen/integrieren Sie den Betriebsarzt und die Fachkraft für Arbeitssicherheit.

Besonders hervorzuheben ist in diesem Zusammenhang auch die Beratung des Arbeitgebers über **beratende Ingenieure** der Reha-Träger und des Integrationsamtes. Diese erstellen Anforderungs- und Fähigkeitsprofile nach anerkannten Methoden. Hier kann der Arbeitgeber wertvolle, fachspezifische Hilfen erhalten.

5.4 Inklusionsvereinbarung

Die Inklusionsvereinbarung nach § 166 SGB IX ist ein kollektivrechtlicher Vertrag besonderer Art, den der Arbeitgeber mit der SBV und dem Betriebs-/Personalrat abschließen muss.

Mangels einer dem § 77 Abs. 4 BetrVG entsprechenden Regelung hat sie jedoch keine unmittelbare, normative Wirkung („unmittelbar wie ein Gesetz").[66]

Einzelne Schwerbehinderte/Gleichgestellte können jedoch gegebenenfalls Ansprüche aus der Inklusionsvereinbarung herleiten, sofern sie einen „Vertrag zugunsten Dritter" darstellt.

Praxis-Tipp:

Um ganz sicherzugehen, sollte die Inklusionsvereinbarung entweder nochmals gesondert als Betriebs- oder Dienstvereinbarung zwischen Arbeitgeber und Betriebs-/Personalrat unterzeichnet werden. Oder man schreibt rein, dass die Inklusionsvereinbarung zugleich als Betriebs- oder Dienstvereinbarung gilt. Dies ist vor allem mit Blick auf § 88 Nr. 5 BetrVG zulässig; darin wird geregelt, dass durch Betriebsvereinbarung auch Maßnahmen zur Eingliederung schwerbehinderter Menschen vereinbart werden können. Nichts anderes ist die Inklusionsvereinbarung letztlich.

Die Inklusionsvereinbarung soll die Teilhabe schwerbehinderter Menschen am Arbeitsleben dadurch stärker unterstützen, dass die betriebliche Integration über **Zielvereinbarungen** gesteuert wird. Es sollen praxisbezogene Vereinbarungen abgeschlossen werden, die geeignet sind, die Beschäftigungssituation spürbar zu verbessern.

Mit Inkrafttreten des Bundesteilhabegesetzes zum 01.01.2018 wurde die Bezeichnung von Integrationsvereinbarung in *Inklusions*vereinbarung geändert. Die bereits abgeschlossenen Integrationsvereinbarungen behalten weiter ihre Gültigkeit und gelten als Inklusionsvereinbarungen fort.

Leider ist es im Rahmen dieses Werkes aus Platzgründen nicht möglich, das Thema „Inklusionsvereinbarung" in seiner vollen Breite zu behandeln. Ans Herz gelegt sei Ihnen hierzu das von der Bundesarbeitsgemeinschaft der Integrationsämter und Hauptfürsorgestellen (BIH) herausgegebene „ZB SPEZIAL Inklusionsvereinbarung", welches Sie kostenfrei auf der Seite der BIH herunterladen können.[67]

---

[66] so auch Dau, § 166 RdNr. 10; anders wohl Feldes, § 166 RdNr. 13

[67] www.bih.de/integrationsaemter/medien-und-publikationen/publikationen

5.4.1 Verfahren

Vertragspartner der Inklusionsvereinbarung sind:

- Arbeitgeber
- SBV
- Betriebs-/Personalrat

Weitere Beteiligte sind:

- Inklusionsbeauftragter des Arbeitgebers
- Integrationsamt – auf Einladung von Arbeitgeber oder SBV

Die Verhandlungen über eine Inklusionsvereinbarung und der Abschluss einer Vereinbarung können durch die SBV – nötigenfalls über ein Beschlussverfahren vor dem Arbeitsgericht[68] – erzwungen werden, § 166 Abs. 1 S. 2 SGB IX; vgl. auch § 180 Abs. 6 S. 1 SGB IX.[69]

Existiert keine SBV oder Gesamt-SBV, kann der Betriebs-/Personalrat die Verhandlungen erzwingen, § 166 Abs. 1 S. 3 SGB IX.

Wichtig: Ein bestimmtes Ergebnis kann allerdings nicht erzwungen werden.

Das Integrationsamt kann auf Einladung von Arbeitgeber oder SBV als Moderator an den Verhandlungen beteiligt werden (§ 166 Abs. 1 S. 4 SGB IX).

Praxis-Tipp:

Von dieser Möglichkeit, die Moderation durch einen Mitarbeiter des Integrationsamts durchführen zu lassen, sollte in der Regel Gebrauch gemacht werden, da ein außenstehender Dritter – der noch dazu über Sachkompetenz verfügt und möglicherweise Fördermittel bereitstellen kann – den Verhandlungen meist guttut.

Gemäß § 166 Abs. 1 S. 6 SGB IX ist die abgeschlossene Vereinbarung sodann dem für den Sitz des Arbeitgebers zuständigen Integrationsamt und der Bundesagentur für Arbeit zu übermitteln.

---

68 Feldes, § 166 RdNrn. 24 ff.

69 Feldes, § 166 RdNrn. 20-23

Im Rahmen der Verhandlungen empfiehlt es sich, chronologisch so vorzugehen, wie später auch die Struktur der Inklusionsvereinbarung aussehen sollte:

- Vorwort: Festlegen der allgemeinen Erwartungen und Ziele.
- Ist-Situation: Aktuelle Situation analysieren.
- Zielvereinbarung: Festlegen konkreter Ziele.
- Umsetzung der Vereinbarungen: (Konkrete) Maßnahmen zur Umsetzung der Ziele und Zuständigen für die Durchführung der Maßnahmen festlegen.
- Berichtspflicht: Wer ist wem gegenüber berichtspflichtig?
- Controlling: Wie wird die Zielerreichung kontrolliert?

5.4.2 Mögliche Inhalte

5.4.2.1 Zwingende Inhalte, § 166 Abs. 2 SGB IX

Die Inklusionsvereinbarung enthält Regelungen zur Eingliederung schwerbehinderter Menschen in den Betrieb. Hierbei sind insbesondere folgende Regelungen zu treffen:

- Personalplanung
- Arbeitsplatzgestaltung
- Gestaltung des Arbeitsumfelds
- Arbeitsorganisation
- Arbeitszeit und Regelungen über die Durchführung in den Betrieben/Dienststellen

Dabei ist die gleichberechtigte Teilhabe schwerbehinderter Menschen am Arbeitsleben bei der Gestaltung von Arbeitsprozessen und Rahmenbedingungen *von Anfang an* zu berücksichtigen.

Fällt Ihnen etwas auf? Ja, diese Formulierungen kennen wir schon aus § 164 Abs. 4 S. 1 Nr. 4 SGB IX im Bereich des behindertengerechten Arbeitsplatzes (vgl. oben 5.3).

5.4.2.2 Weitere mögliche Inhalte, § 166 Abs. 3 SGB IX

Neben den zwingenden Inhalten können zudem weitere Vereinbarungen getroffen werden. § 166 Abs. 3 SGB IX ist jedoch nur eine beispielhafte Aufzählung und hat keinen abschließenden Charakter.

Regelungen sind danach möglich:

1. zur angemessenen Berücksichtigung schwerbehinderter Menschen bei der Besetzung freier, freiwerdender oder neuer Stellen.

   Beispiel: bevorzugte Berücksichtigung Schwerbehinderter/Gleichgestellter, vor allem wenn die Pflichtquote noch nicht erfüllt ist.

2. zu einer anzustrebenden Beschäftigungsquote, einschließlich eines angemessenen Anteils schwerbehinderter Frauen.

   Häufig werden hier höhere Beschäftigungsquoten als die gesetzlich vorgeschriebenen 5 Prozent als Ziel festgelegt.

3. zu Teilzeitarbeit.

   Insbesondere nähere Spezifizierungen im Rahmen des Teilzeitanspruchs nach § 164 Abs. 5 SGB IX (vgl. 9.3). Sinnvolle – auch befristete – Teilzeitansprüche vor allem für Menschen in Heilungsbewährung (vgl. hierzu 8.2.4), denn gerade hier ist der gesetzliche Anspruch auf Brückenteilzeit (vgl. § 9a TzBfG) viel zu unflexibel.

4. zur Ausbildung behinderter Jugendlicher.
5. zur Durchführung der betrieblichen Prävention (betriebliches Eingliederungsmanagement) und zur Gesundheitsförderung (dazu gleich noch unter 7.2).
6. über die Hinzuziehung des Werks- oder Betriebsarztes auch für Beratungen über Leistungen zur Teilhabe sowie über besondere Hilfen im Arbeitsleben.

   Hier macht es allerdings Sinn, vorab abzuklären, ob dieser auch über entsprechende Sachkunde verfügt, sonst kann man sich diese zusätzlichen Kosten auch sparen.

5.4.3 Vorteile der Inklusionsvereinbarung für die Beteiligten

Tatsächlich können Sie auch mit Vorteilen für Ihre Inklusionsvereinbarung werben.

Sie als **SBV** profitieren u. a. von

- einer klaren Regelung von Zuständigkeiten,
- Transparenz bei der Personalplanung,

- womöglich besserer Beteiligung und
- Schaffung verbindlicher Arbeitsgrundlagen.

Die **Schwerbehinderten/Gleichgestellten**

- tun sich vielleicht leichter mit einer Entscheidung zur Offenbarung der Schwerbehinderteneigenschaft, da sie sehen, dass im Betrieb nicht diskriminiert wird.
- Hinzu kommen häufig Verbesserungen der Arbeitsbedingungen,
- bessere Qualifizierungsmöglichkeiten und
- die Vermeidung von Nachteilen.

Besonders aber dem **Arbeitgeber** sollte man seine Vorteile klarmachen:

- Von einer möglichen Ersparnis bei der Ausgleichsabgabe durch höhere Erfüllung der Beschäftigungsquote,
- über die Akquirierung staatlicher Unterstützungsgelder
- bis hin zur Erfüllung gesetzlicher Verpflichtungen.

  Hinweis: Vor allem in Unternehmen mit Compliance- oder Ethikrichtlinien ist die Erfüllung gesetzlicher Vorgaben ein sehr hohes Ziel. Oft haben in solchen Unternehmen diese Richtlinien einen höheren Stellenwert als das Gesetz selbst. Nutzen Sie das für Ihre Zwecke!
- Weiterhin kann das Unternehmen womöglich bei den – wirtschaftlich gesehen – sinnlosesten Kosten überhaupt einsparen: den Krankheitskosten.
- Und „last but not least“: die positive Außenwirkung.

Praxis-Tipp:

Hilfreiche Informationen und eine Datenbank mit abgeschlossenen Inklusionsvereinbarungen finden Sie hier:

www.rehadat-gutepraxis.de/inklusion-gestalten/inklusionsvereinbarungen

6. Bußgelder und Arbeitsgericht – Durchsetzung der Rechte der SBV

6. Bußgelder und Arbeitsgericht – Durchsetzung der Rechte der SBV

6.1 Bußgeldverfahren

Um die Arbeitgeber zur Erfüllung ihre Verpflichtungen zu motivieren, hat der Gesetzgeber § 238 SGB IX installiert. Bußgelder bis zu 10.000 Euro können verhängt werden. Leider zeigt die Praxis jedoch, dass nur selten Bußgeldverfahren durchgeführt werden.

In insgesamt sieben Ziffern werden in § 238 Abs. 1 SGB IX mögliche Verstöße mit Bußgeld bedroht (§ 238 Abs. 1 Nr. 1 SGB IX wurde gestrichen).

Beispiele:

- Nichtführung des Verzeichnisses schwerbehinderter Menschen (§ 163 Abs. 1 SGB IX)
- keine oder nicht richtige Unterrichtung/Anhörung der SBV (§ 178 Abs. 2 SGB IX)
- Nichterfüllung der Beschäftigungspflicht

Es reichen Vorsatz, aber auch **Fahrlässigkeit** aus. Es besteht jedoch kein Verschulden, wenn die Schwerbehinderung/Gleichstellung nicht bekannt war oder bekannt sein musste.

Zuständig ist die Bundesagentur für Arbeit (§ 238 Abs. 3 SGB IX), welche auch die Bußgelder erhält. Sie wird nur auf **Anzeige** tätig[70], welche jedoch jeder einreichen kann, beispielsweise Betriebs-/Personalrat, SBV, Integrationsamt, Gewerkschaft.

Die **Verjährungsfrist** beträgt zwei Jahre.

Täter können sein der Arbeitgeber oder der Inklusionsbeauftragte des Arbeitgebers, §§ 181 SGB IX; 9 Abs. 2 OWiG.

Die Entscheidung wird (nur) dem Arbeitgeber bekannt gegeben.

Dies kann entweder eine Einstellung des Verfahrens sein. Oder ein Bußgeldbescheid, gegen den Rechtsmittel zulässig sind.

[70] Feldes, § 238 RdNr. 7

6.2 Beschlussverfahren vor dem Arbeitsgericht

Für Rechtsstreitigkeiten zwischen SBV und Arbeitgeber ist das Arbeitsgericht zuständig. Dies gilt auch, wenn die SBV in einer Dienststelle des öffentlichen Dienstes errichtet ist, in der Personalvertretungsrecht gilt.[71]

Für Prozesse zwischen der SBV und dem Betriebs-/Personalrat ist ebenfalls das Arbeitsgericht das anzurufende Gericht.

Diese kollektivrechtlichen Streitigkeiten werden im Beschlussverfahren geführt. Dies weist gegenüber dem arbeitsgerichtlichen Urteilsverfahren, das bei Individualstreitigkeiten zum Einsatz kommt, folgende Besonderheiten auf:

- Die Parteien werden als „Beteiligte" (Antragsteller und Antragsgegner) bezeichnet.
- Die Verfahrenseinleitung erfolgt durch einen „Antrag".
- Im Rahmen des gestellten Antrags besteht ein Amtsermittlungsgrundsatz für das Gericht.
- Das Gericht entscheidet durch „Beschluss" (und nicht durch Urteil).
- Das Rechtsmittel gegen einen Beschluss der ersten Instanz wird als „Beschwerde" bezeichnet; das Rechtsmittel gegen einen Beschluss der zweiten Instanz heißt „Rechtsbeschwerde".
- Gerichtskosten werden im Beschlussverfahren nicht erhoben (§ 2 Abs. 2 GKG).

Vor das Arbeitsgericht kommen vor allem Streitigkeiten nach §§ 177, 178 SGB IX wie Wahl, Amtszeit und Aufgaben der SBV (§ 2a Abs. 1 Nr. 3a ArbGG), aber auch Streitigkeiten aus Rechten und Pflichten der SBV aus § 179 SGB IX (§ 2a Abs. 1 Nr. 3a ArbGG analog)[72].

[71] Allerdings gibt es in einigen landesrechtlichen Vorschriften doch wieder Ausnahmen hiervon. So geht z. B. der Freistaat Bayern davon aus, dass das Verwaltungsgericht zuständig ist, wenn es sich um Beamte und Richter handelt, bei denen es um die in § 179 Abs. 3 bis Abs. 6 SGB IX geregelte Rechtsstellung (Schulungs- und Reisekosten, Freistellung) geht. Für Arbeitnehmer hat das LAG Nürnberg bei der Frage der Freistellung den Rechtsweg zu den Arbeitsgerichten eröffnet (LAG Nürnberg v. 22.10.2007 – Az. 6 Ta 55/07, rechtskräftig).

[72] BAG v. 11.11.2003 – Az. 7 AZB 40/03

Beispiele für Gegenstände eines Beschlussverfahrens vor dem Arbeitsgericht:

Beispiele:

- Durchführung/Anfechtung der Wahl einer SBV
- Verstoß des Arbeitgebers gegen Beteiligungsrechte der SBV aus § 178 Abs. 2 SGB IX
- Verstoß des Arbeitgebers gegen Beteiligungsrechte der SBV bei Einstellung aus § 164 Abs. 1 i. V. m. § 178 Abs. 2 SGB IX
- dauernde Heranziehung der Stellvertreter
- Teilnahme an Betriebs-/Personalrats- und Ausschusssitzungen
- Streit über Aussetzung nach § 178 Abs. 2 S. 2 SGB IX (vgl. 5.2.8)
- Streit über SBV-Schulungen (§ 179 Abs. 4 S. 3 SGB IX)

6

Zwar gibt es im SGB IX keine dem § 23 Abs. 3 BetrVG entsprechende Regelung, dennoch kann das Arbeitsgericht nach allgemeiner Ansicht den Arbeitgeber zur Zahlung eines Zwangsgeldes von bis zu 250.000 Euro verurteilen, wenn er weiterhin die SBV nicht beteiligt (§ 85 Abs. 1 ArbGG i. V. m. § 890 Abs. 1 ZPO).[73] Als taktisches Mittel kann es durchaus geeignet sein, dem Arbeitgeber zumindest die Durchführung eines solchen Beschlussverfahrens mit der sich daraus für ihn ergebenden Kostenfolge (Übernahme der Anwaltskosten der SBV, eigene Anwaltskosten) anzudrohen.

Die **Kosten** trägt – auch im öffentlichen Dienst[74] – nach § 179 Abs. 8 SGB IX der Arbeitgeber. Dies gilt natürlich nur dann, wenn der Prozess nicht mutwillig ist und Aussicht auf Erfolg bietet.

---

[73] Dau, § 178 RdNr. 138 und Kapitel 2 Rdnr. 178

[74] BAG v. 30.03.2010 – Az. 7 AZB 32/09

Beispiel:

Ohne Aussicht auf Erfolg und mutwillig wäre ein Prozess, in dem die SBV den Arbeitgeber verpflichten will, einen schwerbehinderten Bewerber einzustellen – anstelle eines anderen Kandidaten; denn selbst wenn eine Diskriminierung vorliegt, entsteht für den erfolglosen Bewerber daraus kein Einstellungsanspruch, vgl. § 15 AGG.

Da für arbeitsgerichtliche Beschlussverfahren keine Gerichtskosten anfallen, kann es sich hier nur um außergerichtliche Kosten handeln (z. B. die Beauftragung eines Fachanwalts für Arbeitsrecht).

Wichtig: Bis zu 250.000 Euro **Zwangsgeld** können nach § 85 Abs. 1 ArbGG i. V. m. § 890 Abs. 1 ZPO verhängt werden, wenn der Arbeitgeber die SBV entgegen rechtskräftiger, gerichtlicher Entscheidung weiterhin nicht beteiligt.

6.3 Verstoß der SBV gegen ihre gesetzlichen Pflichten

Ähnlich wie für den Betriebsrat (§ 23 Abs. 1 BetrVG) und den Personalrat (§ 30 BPersVG) regelt § 177 Abs. 7 S. 5 SGB IX, dass die Vertrauensperson auf Antrag von 25 Prozent der wahlberechtigten schwerbehinderten Menschen durch den Widerspruchsausschuss beim Integrationsamt (§ 202 SGB IX) ihres Amtes enthoben werden kann.

Dies dann, wenn **grobe** Pflichtverletzungen seitens der Vertrauensperson hinsichtlich ihrer Pflichten als Vertrauensperson vorliegen.

Anders als bei § 23 Abs. 1 BetrVG kann der Antrag allerdings nicht durch den Arbeitgeber oder die Gewerkschaft gestellt werden.[75]

[75] vgl. weiterführend: Dau, § 171, RdNr. 44

7. Prävention, Reha, Teilhabe am Arbeitsleben

7. Prävention, Reha, Teilhabe am Arbeitsleben

7.1 Überblick

Die Prävention ganz allgemein gehört zu Ihren allgemeinen Aufgaben nach § 178 Abs. 1 S. 2 Nrn. 1 und 2 SGB IX. So ist es Teil Ihrer Überwachungspflicht nach § 178 Abs. 1 S. 2 Nr. 1 SGB IX, darauf zu achten, dass die Regelungen des § 167 SGB IX in Ihrem Betrieb gelebt werden.

Doch auch die Unterstützung bei der Beantragung von Maßnahmen z. B. bei den Reha-Trägern oder dem Integrationsamt ist Ihr ureigenstes Tätigkeitsgebiet, § 178 Abs. 1 S. 2 Nr. 2 SGB IX. Und dabei ist es nicht immer der Mitarbeiter, den Sie unterstützen sollen. Oft ist es auch der Arbeitgeber, dem häufig die notwendige Sachkenntnis fehlt.

Nachfolgend werden wir uns verschiedene Bereiche von Prävention, Reha und Teilhabe am Arbeitsleben ansehen.

Hinweis: Bedenken Sie hier bitte auch immer das **Hausarzt-Prinzip** (vgl. 1.3): Oftmals können Sie nur Anstoßgeber sein, um zum Profi zu gehen.

Und wie in diesem ganzen Werk, so auch hier: Ich kann und will Ihnen eine Einführung geben, keine tiefschürfende, juristische Abhandlung.

Die Reha-Träger haben wir uns ja schon oben unter 4.3.2.3 angesehen. Gegebenenfalls blättern Sie bitte nochmal zurück. Insbesondere bei der Klärung von Zuständigkeitsfragen darf hierauf verwiesen werden.

Eine zusammenfassende Übersicht zu den Reha- bzw. Leistungsträgern finden Sie im Abschnitt 7.9.

7.2 Prävention gem. § 167 SGB IX

Ein Teilbereich der Prävention – § 167 SGB IX – wird Sie in der betrieblichen Praxis recht häufig begleiten.

Die Präventionspflichten des Arbeitgebers nach § 167 SGB IX lassen sich grob in zwei Bereiche unterteilen:

- die Verhältnisprävention gem. § 167 Abs. 1 SGB IX und
- das betriebliche Eingliederungsmanagement (BEM) nach § 167 Abs. 2 SGB IX.

Dabei gilt nur die Verhältnisprävention exklusiv für Schwerbehinderte/Gleichgestellte. Das BEM betrifft auch nichtbehinderte Mitarbeiter. Die Vorschrift ist daher im SGB IX eigentlich systemwidrig.

7.2.1 Verhältnisprävention

Begriff Verhältnisprävention
Verhältnisprävention i. S. d. ArbSchG bedeutet das Verändern der Arbeitsumgebung, um die physische und psychische Integrität der Mitarbeiter zu sichern.

Nach § 167 Abs. 1 SGB IX ist der Arbeitgeber hier zur Verfahrenseinleitung verpflichtet.

Dies ist zu veranlassen, sobald Schwierigkeiten im Beschäftigungsverhältnis eines Schwerbehinderten/Gleichgestellten eintreten, welche zu dessen Gefährdung führen können.

„Schwierigkeiten" bedeutet dabei, dass es sich um „Unzuträglichkeiten [handelt], die **noch nicht den Charakter von Kündigungsgründen** aufweisen."[85]

Daraus lässt sich ersehen, dass es bei der Verhältnisprävention darum geht, dem Entstehen von Kündigungsgründen **vorzubeugen**.

Die Schwierigkeiten können in drei Bereichen entstehen:

- personenbedingte Gründe (z. B. krankheitsbedingte Minderleistung)
- verhaltensbedingte Gründe (z. B. chronische Unpünktlichkeit)
- betriebsbedingte Gründe (z. B. Auftragsmangel)

Treten derartige Schwierigkeiten auf, hat der Arbeitgeber als Initiator

85 BAG v. 07.12.2006 – Az. 2 AZR 182/06

- die SBV (hier ist auch das Anhörungs- und Erörterungsrecht nach § 178 Abs. 1 S. 1 SGB IX zu berücksichtigen),
- Betriebs-/Personalrat und
- das Integrationsamt

möglichst frühzeitig einzuschalten.

Gemeinsam sollen Sie dann versuchen, diese Schwierigkeiten zu beseitigen.

Dabei ist der Arbeitgeber verpflichtet, den eingeschalteten Stellen – vor allem den Behörden – Gelegenheit zu geben, geeignete Hilfen und Unterstützungen anzubieten.

Das wird in der Praxis meist das Integrationsamt sein. Allerdings kann dieses natürlich nicht die wirtschaftlichen Probleme eines Unternehmens lösen. Meist betrifft die Unterstützung hier eher Problematiken, die in der Person des Behinderten bzw. in der Behinderung begründet sind.

Dies stellt eine wichtige Möglichkeit der Einflussnahme für die SBV dar, die häufig (hoffentlich) über gute Kontakte zum Integrationsamt verfügt.

In diesem Rahmen sind dann alle möglichen und zumutbaren inner- und außerbetrieblichen Maßnahmen zu ergreifen.

Beispiele:

- technische Änderungen am Arbeitsplatz
- Qualifizierungsmaßnahmen
- Änderungen bei der Arbeitszeit

Hinweis: Leider scheint die Verhältnisprävention in vielen Betrieben ein eher unbekanntes Instrument zu sein. Viele Arbeitgeber kommen ihrer diesbezüglichen Verpflichtung entweder gar nicht oder nur sehr schleppend nach. Da heißt es für die SBV: Am Ball bleiben und auf die Einleitung des Präventionsverfahrens drängen. Vielleicht hilft auch hier gelegentlich einmal der Hinweis auf die unternehmenseigenen Compliance-Regelungen. Denn auch § 167 Abs. 1 SGB IX ist eine gesetzliche Verpflichtung des Arbeitgebers.

Musterschreiben Einleitung Präventionsverfahren
Einleitung eines Präventionsverfahrens gem. § 167 Abs. 1 SGB IX betr. Herrn / Frau ... Sehr geehrt... In meiner Eigenschaft als Vertrauensperson der schwerbehinderten Menschen ist mir bekannt geworden, dass im Arbeitsverhältnis von .... Schwierigkeiten aufgetreten sind [hier noch nicht bezeichnen]. ... ist als schwerbehinderter Mensch anerkannt. Um die Schwierigkeiten im Arbeitsverhältnis zu beseitigen und dieses auf Dauer zu sichern, besteht gem. § 167 Abs. 1 SGB IX die gesetzliche Pflicht, frühzeitig ein Präventionsverfahren einzuleiten. Dazu sind der Betriebsrat, ich als Vertrauensperson der schwerbehinderten Menschen und das Integrationsamt einzuschalten. Hierzu bitte ich um zeitnahe Terminvereinbarung. Zweck des Termins soll die Sachverhaltsklärung sein. Mögliche subjektive Einschätzungen zu der aktuellen Situation sollten geklärt und eine für alle Seiten tragfähige Lösung gefunden werden. Sicherlich können wir auf diesem Wege gemeinsam die aufgetretenen Schwierigkeiten auf Dauer überwinden. Mit freundlichen Grüßen Vertrauensperson der schwerbehinderten Menschen

7.2.2 Betriebliches Eingliederungsmanagement (BEM)

7.2.2.1 Allgemeines

Das BEM ist ein gesetzlich vorgeschriebenes Verfahren (vgl. § 167 Abs. 2 SGB IX) zur möglichst frühzeitigen Überwindung

- bestehender, längerfristiger Arbeitsunfähigkeit oder
- Verhinderung künftiger Arbeitsunfähigkeit.

Ist ein **Arbeitnehmer – egal, ob behindert oder nicht** – in einer Zeitspanne von einem Jahr (nicht notwendig: Kalenderjahr) zusammengezählt länger als sechs Wochen arbeitsunfähig erkrankt, hat der Arbeitgeber (**zwingend!**) das Verfahren einzuleiten.

Achtung: Erkrankt ein Beschäftigter nach Abschluss eines BEM nochmals länger als 6 Wochen, muss der Arbeitgeber das Verfahren erneut durchführen – auch innerhalb eines Jahres.[86] Dies gilt nach der Entscheidung des BAG sogar dann, wenn die Arbeitsunfähigkeit über den Abschluss des vorherigen BEM hinaus ununterbrochen weitere mehr als 6 Wochen angedauert hat. In dem Zeitraum der erneuten Arbeitsunfähigkeit können sich neue Erkenntnisse zu den Krankheitsursachen des Beschäftigten und damit u. a. auch neue Möglichkeiten zu einer Weiterbeschäftigung ergeben.

Nach der gesetzlichen Regelung sind am Verfahren – neben dem betroffenen Mitarbeiter – **beteiligt**:

- Betriebs-/Personalrat (zwingend)
- SBV (verpflichtend nur, wenn der Betroffene schwerbehindert/gleichgestellt ist)
- Betriebsarzt (falls erforderlich)
- Reha-Träger/Integrationsamt (wenn Leistungen zur Teilhabe oder begleitende Hilfen im Arbeitsleben in Betracht kommen)

In § 167 Abs. 2 S. 2 SGB IX ist zudem das Recht des Beschäftigten enthalten, zusätzlich eine Vertrauensperson eigener Wahl zum BEM-Verfahren hinzuzuziehen. Diese Regelung ist durch das Teilhabestärkungsgesetz vom 02.06.2021 neu in das SGB IX aufgenommen worden.

Die Teilnahme ist für den betroffenen Mitarbeiter **freiwillig**. Das Verfahren wird nur mit seiner vorherigen Zustimmung durchgeführt. Hieraus folgt auch, dass der betroffene Mitarbeiter die Beteiligung z. B. des Betriebsrats oder der SBV ablehnen kann.

Vorab ist auf

- die Ziele des BEM und
- auf Art und Umfang der erhobenen und verwendeten Daten

hinzuweisen.

Wichtig: Die Nichtteilnahme darf nicht zu Nachteilen für den Mitarbeiter führen, vgl. § 612a BGB (sog. „Maßregelungsverbot").

BEM geht zudem nicht 08/15. Erforderlich ist vielmehr eine abgestimmte **Einzelfallerwägung** und eine Betrachtung der **konkreten** betrieblichen Situation pro Fall.

Letztlich geht es um die Fragen:

---

86 BAG v. 18.11.2021 – Az. 2 AZR 138/21

- Gibt es betriebliche Ursachen für die Krankheit?
- Und/oder kann man an der betrieblichen Situation etwas ändern, um die Arbeitsunfähigkeit zu überwinden bzw. künftige Erkrankungen zu vermeiden/abzumildern?

Beispiele für „BEM geht nicht 08/15“:

Einem Lagerarbeiter mit Schultergelenksarthrose konnte im BEM mit seinem „Hund“ (hydraulische Hebehilfe) geholfen werden. Von 68 Arbeitstagen Krankheit im Vorjahr kam er auf 8 im Jahr nach dem BEM herunter.

Eine andere Kollegin hatte gravierende zwischenmenschliche Probleme in ihrer Abteilung, was zu vielen Krankheitstagen führte. Mobbing stand im Raum. Hier half ein Abteilungswechsel schnell und effektiv (lassen wir mal dahingestellt sein, ob das aus Mobbinggesichtspunkten die richtige Entscheidung war).

Wieder ein anderer Mitarbeiter war zum Abteilungsleiter befördert worden – und schon schnellten die Krankheitstage hoch. Im BEM kam auf, dass er mit der Vorgesetztenposition hoffnungslos überfordert war. Mit seiner Zustimmung wurde er zum stellvertretenden Abteilungsleiter „degradiert“, fühlte sich wieder wohl und war kaum mehr krank.

Das BEM-Verfahren sollte in einer **Betriebs-/Dienstvereinbarung** geregelt werden, wozu § 87 Abs. 1 Nrn. 7, 1, 6 BetrVG, § 75 Abs. 3 Nr. 11 BPersVG, § 167 Abs. 2 SGB IX eine Rechtsgrundlage geben.

Es besteht ein **Informationsanspruch** des Betriebs-/Personalrats – bei Schwerbehinderten/Gleichgestellten auch der SBV – auf Benennung der Arbeitnehmer, die länger als sechs Wochen im Zwölfmonatszeitraum erkrankt sind.[87]

Zudem haben die **Mitarbeitervertretungen** nach § 176 Abs. 2 S. 6 SGB IX ein **Initiativrecht**. So kann der Betriebs-/Personalrat – bei Schwerbehinderten/Gleichgestellten auch die SBV – die Klärung im BEM-Verfahren beim Arbeitgeber verlangen. Dies gilt natürlich insbesondere, wenn der Arbeitgeber nicht von sich aus tätig wird.

---

87 BAG v. 07.02.2012 – Az. 1 ABR 46/10; kein Informationsanspruch besteht für die SBV bei nicht schwerbehinderten/gleichgestellten Arbeitnehmern, LAG Hamm v. 10.01.2020 – Az. 13 TaBV 60/19

7.2.2.2 BEM-Ablauf-Kette

Üblicherweise läuft ein BEM-Verfahren nach einem gewissen Ablaufschema ab, welches auch als BEM-Interventionskette bezeichnet wird:

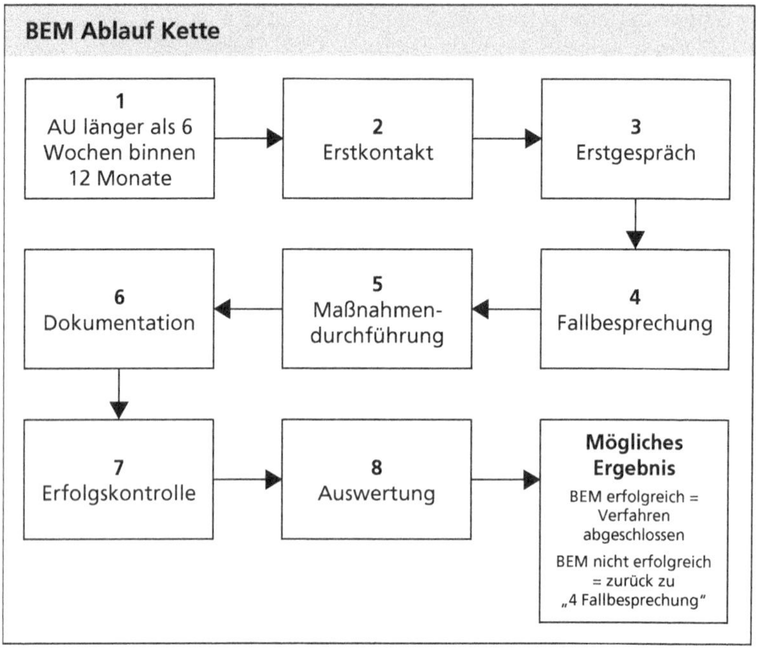

7.2.2.3 Exkurs: Vorschlag für Eckpunkte einer (guten) BEM-Betriebs-/Dienstvereinbarung

Letztens haben wir in einem Betrieb eine Betriebsvereinbarung abgeschlossen, welche ich in den Eckpunkten für durchaus gelungen halte. Diese Eckpunkte möchte ich Ihnen hier kurz vorstellen. Mir ist dabei durchaus bewusst, dass nicht alle Inhalte nach der Rechtsprechung des BAG[88] so mitbestimmungspflichtig sind.

88 vgl. BAG v. 22.03.2016 – Az. 1 ABR 14/17; vgl. auch Feldes, § 167 RdNr. 39

Bestimmung des BEM-Teams (und Vertreter, falls ein gesetztes Teammitglied verhindert ist):

- 1 Betriebsratsmitglied
- Vertrauensperson (immer, auch bei Nichtbehinderten, § 167 Abs. 2 S. 2 SGB IX)
- 1 Mitarbeiter der Personalabteilung mit Entscheidungskompetenz im BEM-Verfahren (nicht Personalchef)

Datenschutz (!)

- Es werden nur Einschränkungen abgefragt – keine Diagnosen!

  Beispiel: Es reicht für das BEM-Verfahren aus, zu wissen, dass der Mitarbeiter die Arme nur auf Schulterhöhe anheben und nicht mehr als 10 kg heben kann. Dass das Ganze auf einer Arthrose im Schultergelenk beruht, ist unerheblich.
- Verwendung der Informationen nur für das BEM-Verfahren, d. h. die erhobenen Gesundheitsdaten kommen nicht in die Personalakte(!)
- Eigene BEM-Akte – streng getrennt von der Personalakte. In die Personalakte kommt nur ein Hinweis auf die Einleitung des BEM und das Ergebnis des BEM-Verfahrens, z. B. die vereinbarten Maßnahmen. Idealerweise wird die BEM-Akte zudem rein in Papierform geführt.
- Zugriff auf die BEM-Akte haben nur das BEM-Team und der betroffene Mitarbeiter.
- Vernichtung der BEM-Akte oder Übergabe an den Mitarbeiter, sobald das Verfahren endgültig abgeschlossen ist (gegebenenfalls kann eine moderate „Überliegefrist" sinnvoll sein).

Vertrauter des Mitarbeiters

- Dem Mitarbeiter steht es frei, eine Person seines Vertrauens mit in das Verfahren zu nehmen.

  Das kann z. B. ein Betriebs-/Personalratsmitglied, der Partner, Eltern, der Gewerkschaftsvertreter, ein Anwalt oder ein Kollege sein.
- Bestimmt der Mitarbeiter einen Kollegen, hat der Kollege einen bezahlten Freistellungsanspruch.

Freiwilligkeit

- Es wird explizit auf die Freiwilligkeit des Verfahrens hingewiesen und darauf, dass bei Nichtteilnahme keine Nachteile entstehen, § 612a BGB.
- Das Verfahren wird nur mit vorheriger schriftlicher Zustimmung des Mitarbeiters durchgeführt.
- Der Mitarbeiter kann das Verfahren jederzeit ohne Begründungszwang beenden.

Verfahren

- Sobald die Voraussetzungen für die Einleitung eines BEM-Verfahrens vorliegen, wird das BEM-Team automatisch durch die Personalabteilung informiert.
- Der Mitarbeiter erhält eine – mitbestimmte – Informationsbroschüre über Ziel und Zweck des BEM, die zu erhebenden notwendigen und verwendeten Daten und Informationen. Hier erfolgt der erste Hinweis auf die Freiwilligkeit.
- Zugleich mit der Info-Broschüre erhält der Mitarbeiter die Einladung zu einem ersten Informationsgespräch. Dieses wird durch das BEM-Team ohne den Mitarbeiter der Personalabteilung geführt, d. h. durch das Betriebsratsmitglied und die Vertrauensperson.
- Der Mitarbeiter kann im Info-Gespräch (oder vorher oder nachher) seine schriftliche Zustimmung oder Ablehnung erklären und mitteilen, ob und wen er als Vertrauten benennt.
- Dokumentation/Erfolgskontrolle/Auswertung in der BEM-Akte. Nur das endgültige Ergebnis kommt in die Personalakte.

7.2.2.4 Folgen der unterlassenen BEM

Führt der Arbeitgeber kein BEM durch, kann dies negative Konsequenzen haben.

Dies gilt insbesondere für die **Wirksamkeit einer krankheitsbedingten Kündigung** durch den Arbeitgeber. Die ordnungsgemäße Durchführung eines BEM-Verfahrens ist inzwischen nach dem BAG eine Wirksamkeitsvoraussetzung für eine (krankheitsbedingte)

Kündigung. Die zentralen Aussagen des BAG in seinem Urteil vom 15.12.2022[89]:

- Das BEM ist kein bloßer Formalakt, sondern ein zentrales Element der Verhältnismäßigkeitsprüfung bei krankheitsbedingten Kündigungen.
- Ein Arbeitgeber darf die Durchführung des BEM nicht davon abhängig machen, dass der Arbeitnehmer eine bestimmte Datenschutzerklärung unterzeichnet.
- Wird kein ordnungsgemäßes BEM durchgeführt, trifft den Arbeitgeber im Kündigungsschutzprozess eine erhöhte Darlegungs- und Beweislast.
- Der Arbeitgeber muss konkret darlegen, warum keine leidensgerechte Anpassung des Arbeitsplatzes, keine andere Beschäftigungsmöglichkeit und keine unterstützenden Maßnahmen (z. B. Arbeitszeitreduzierung, ergonomische Anpassungen, technische Hilfsmittel) in Betracht kamen.
- Nicht einmal die Zustimmung des Integrationsamts stellt eine Vermutung dafür dar, dass ein unterbliebenes oder fehlerhaft durchgeführtes BEM die Kündigung nicht hätte verhindern können.

Bußgeld: Direkt unter Strafe gestellt ist die Nichtdurchführung des BEM-Verfahrens nicht. Allerdings wird in solchen Fällen meist auch die SBV über das Eintreten der Voraussetzungen des BEM-Verfahrens („6-Wochen-Frist") nicht informiert werden, was letztlich eine Ordnungswidrigkeit darstellt, §§ 238 Abs. 1 Nr. 8 i. V. m. 178 Abs. 1 S. 1 SGB IX.[90]

Schadensersatz: Schadenersatzansprüche wegen schuldhaft unterlassenen BEM ergeben sich aus § 280 BGB.[91] So kann sich beispielsweise ein Schaden ergeben, wenn bei durchgeführtem BEM eine Beschäftigung (wieder) möglich gewesen wäre und damit höheres Entgelt erzielt worden wäre. Das wird in der Praxis allerding eher schwierig darzulegen und zu beweisen sein.

---

[89] BAG v. 15.12.2022 – Az. 2 AZR 162/22

[90] vgl. Dau, § 167 RdNr. 126

[91] vgl. Dau, § 167 RdNr. 81, 138

7.3 Krankheitsprävention

7.3.1 Begriffe

Gerade im Bereich der Krankheitsprävention werden Ihnen diverse Begrifflichkeiten „um die Ohren gehauen". Hier möchte ich versuchen, Ihnen diese Begriffe zu verdeutlichen.

Dabei gilt es, immer zwei **Sichtweisen** zueinander zu bringen:

- Der Arzt betrachtet die Frage, ob eine „Krankheit" vorliegt.
- Der Patient fragt sich, ob aktuell ein „Kranksein" (subjektiv) vorliegt.

Diese Sichtweisen bringt man nun zusammen und bildet daraus Maßnahmen:

- Primäre Prävention

  Weder Krankheit noch Kranksein sind vorhanden. Das (Neu-) Auftreten von Krankheiten soll verhindert werden.

  Beispiele: Impfungen, Sport treiben, gesunde Ernährung.

- Sekundäre Prävention

  Eine Krankheit liegt vor, aktuell aber kein Kranksein. Hier geht es um das Frühstadium der Krankheit, um Früherkennung und Eindämmung des Fortschreitens/der Chronifizierung.

  Beispiele: Massenscreenings bei Krebs, Vorsorgeuntersuchungen

- Tertiärprävention

  Nach einer Akutbehandlung oder Manifestation sollen Folgeschäden und/oder Rückfälle verhindert werden.

  Beispiele: Insulin bei Diabetes, Nachsorge bei Krebs

- Quartäre Prävention

  Krankheit und Kranksein sind vorhanden. Hier geht es um Verhinderung von unnötiger Medizin oder von Übermedikation.

7.3.2 Gesundheitsschutz im Betrieb

Die vorgenannten Begriffe der Prävention werden Sie in allen Bereichen des betrieblichen Gesundheitsschutzes begleiten.

Die betroffenen Bereiche sind dabei vielfältig.

Zunächst gehört der Gesundheitsschutz der Arbeitnehmer zu den Aufgaben und Mitbestimmungsrechten des Betriebs-/Personalrats, § 87 Abs. 1 Nr. 7 BetrVG/§ 75 Abs. 3 Nr. 11 BPersVG.

Auch das Thema Arbeitssicherheit spielt hier eine wichtige Rolle. In erster Linie Tummelfeld der Fachkraft für Arbeitssicherheit und des Betriebsarztes, sind aber auch Sie, die SBV, als gesetzliches Mitglied des Arbeitsschutzausschusses (§§ 178 Abs. 4 S. 1 SGB IX; 11 ASiG) hier gefragt.

Aber auch die Verhinderung von Berufskrankheiten ist hier ein wichtiger Teil. § 4 Nrn. 1, 2 und 5 ArbSchG zeigen deutlich, dass die gesundheitliche Prävention zuerst bei den Arbeitsbedingungen beginnt – und erst nachrangig beim Mitarbeiter. Dabei spielen Gefährdungsbeurteilungen gem. § 5 ArbSchG eine besondere Rolle. Sie sind Teil der Verhältnisprävention (Begriff vgl. 7.3.1).

§ 4 ArbSchG – Allgemeine Grundsätze

„Der Arbeitgeber hat bei Maßnahmen des Arbeitsschutzes von folgenden allgemeinen Grundsätzen auszugehen:

1. Die Arbeit ist so zu gestalten, daß eine Gefährdung für das Leben sowie die physische und die psychische Gesundheit möglichst vermieden und die verbleibende Gefährdung möglichst gering gehalten wird;
2. Gefahren sind an ihrer Quelle zu bekämpfen;
   (...)
5. individuelle Schutzmaßnahmen sind nachrangig zu anderen Maßnahmen;
   (...)"

§ 5 ArbSchG – Beurteilung der Arbeitsbedingungen

„(1) Der Arbeitgeber hat durch eine Beurteilung der für die Beschäftigten mit ihrer Arbeit verbundenen Gefährdung zu ermitteln, welche Maßnahmen des Arbeitsschutzes erforderlich sind.

(2) Der Arbeitgeber hat die Beurteilung je nach Art der Tätigkeiten vorzunehmen. Bei gleichartigen Arbeitsbedingungen ist die Beurteilung eines Arbeitsplatzes oder einer Tätigkeit ausreichend.

(3) Eine Gefährdung kann sich insbesondere ergeben durch

1. die Gestaltung und die Einrichtung der Arbeitsstätte und des Arbeitsplatzes,
2. physikalische, chemische und biologische Einwirkungen,

3. die Gestaltung, die Auswahl und den Einsatz von Arbeitsmitteln, insbesondere von Arbeitsstoffen, Maschinen, Geräten und Anlagen sowie den Umgang damit,
4. die Gestaltung von Arbeits- und Fertigungsverfahren, Arbeitsabläufen und Arbeitszeit und deren Zusammenwirken,
5. unzureichende Qualifikation und Unterweisung der Beschäftigten,
6. psychische Belastungen bei der Arbeit."

Hinzu kommt noch die sog. „**Verhaltensprävention**" (Begriff vgl. 7.3.1) als primäre Aufgabe des Betriebs- oder Werksarztes, vor allem die Information über Gesundheitsgefahren und das Einüben gesundheitsgerechten Verhaltens (z. B. § 3 Nrn. 2 bis 4 ASiG; Gefahrstoffverordnung; Biostoffverordnung).

Selbstverständlich sind auch Sie als SBV gefragt, sich um den betrieblichen Gesundheitsschutz in all seinen Facetten zu kümmern. Denn wer, wenn nicht Sie, kennt hier die besonderen Bedürfnisse der Schwerbehinderten/Gleichgestellten in Ihrem Betrieb?

7.4 Reha im Schwerbehindertenrecht – ein Überblick

Übergeordnetes Ziel der Leistungen zur Teilhabe ist die Selbstbestimmung von Menschen mit (drohender) Behinderung und ihre gleichberechtigte Teilhabe am Leben in der Gesellschaft zu fördern, Benachteiligungen zu vermeiden oder ihnen entgegenzuwirken (vgl. § 1 SGB IX).

§ 5 SGB IX unterscheidet bei den Reha-Leistungen zwischen fünf Leistungsgruppen:

- Leistungen zur medizinischen Rehabilitation
- Leistungen zur Teilhabe am Arbeitsleben
- unterhaltssichernde und andere ergänzende Leistungen
- Leistungen zur Teilhabe an Bildung
- Leistungen zur sozialen Teilhabe

Leistungen zur **medizinischen Rehabilitation** sollen (drohende) Behinderungen und chronische Krankheiten positiv beeinflussen. Weitere Ziele sind die Vermeidung bzw. Verbesserung von Einschränkungen der Erwerbsfähigkeit und/oder Pflegebedürftigkeit (§ 42 Abs. 1 SGB IX). Dazu dienen gem. § 42 Abs. 2 SGB IX insbesondere:

- medizinische Leistungen (z. B. ärztliche Behandlung, therapeutische Versorgung mit Heilmitteln, Psychotherapie)
- Hilfsmittel
- psychosoziale Hilfen (vgl. § 42 Abs. 3 SGB IX)

Leistungen zur **Teilhabe am Arbeitsleben** bezwecken die Erlangung bzw. Erhaltung der Erwerbsfähigkeit und dadurch der Sicherung der Teilhabe am Arbeitsleben von Menschen mit (drohender) Behinderung (§ 49 Abs. 1 SGB IX). Dies soll nach den §§ 49 ff. SGB IX insbesondere erreicht werden durch:

- Berufsvorbereitung
- berufliche Anpassung und Weiterbildung
- berufliche Ausbildung
- Unterstützte Beschäftigung
- Arbeitsassistenz
- Hilfsmittel
- ergänzend: psychosoziale Hilfen

Bei der **sozialen Teilhabe** geht es um gleichberechtigte Teilhabe am Leben in der Gesellschaft. Ziel ist eine möglichst selbstbestimmte und eigenverantwortliche Lebensführung im eigenen Wohnraum (§ 76 SGB IX).

Teilhabe an Bildung bezeichnet unterstützende Leistungen mit dem Zweck, Menschen mit Behinderungen Bildungsangebote gleichberechtigt zugänglich zu machen (§ 75 SGB IX).

Bei **unterhaltssichernden und anderen ergänzenden Leistungen** (§§ 64 ff. SGB IX) geht vor allem um die finanzielle Absicherung und familiäre Versorgung, während Leistungen zur medizinischen Rehabilitation oder Leistungen zur Teilhabe am Arbeitsleben beansprucht werden. Hierzu werden z. B. Krankengeld, Übergangsgeld, Reisekosten, Haushaltshilfe oder Kinderbetreuungskosten gewährt.

7.5 Berufliche Rehabilitation

Steht eine berufliche Reha-Maßnahme im Raum, stellt sich hier oft die Frage nach dem richtigen Leistungsträger. Wer ist zuständig, die gesetzliche Rentenversicherung oder die Bundesagentur für Arbeit? Diese Frage versuchen die §§ 10, 11 SGB VI zu beantworten.

Damit die Rentenversicherung zuständig zur Erbringung der Reha-Maßnahme ist, müssen persönliche und versicherungsrechtliche Voraussetzungen erfüllt sein.

- **Persönliche Voraussetzungen, § 10 SGB VI**

  Die *Erwerbsfähigkeit* ist wegen Krankheit oder körperlicher oder seelischer Behinderung *erheblich gefährdet oder bereits gemindert* und durch Rehabilitationsleistungen

  - kann bei erheblich gefährdeter Erwerbsfähigkeit die drohende Minderung abgewendet werden oder
  - die bereits geminderte Erwerbsfähigkeit kann wesentlich gebessert, wiederhergestellt oder eine wesentliche Verschlechterung abgewendet werden oder
  - bei teilweise geminderter Erwerbsfähigkeit ohne Aussicht auf wesentliche Besserung kann der bisherige *Arbeitsplatz erhalten* werden.

  Hier sieht man schon sehr klar den Grundsatz: Reha vor Rente!

- **Versicherungsrechtliche Voraussetzungen, § 11 SGB VI**

  Der Versicherte kann Leistungen zur Teilhabe erhalten, wenn (§ 11 Abs. 1, 2a SGB VI)

7

  - der Versicherte zum Zeitpunkt der Antragstellung bereits eine Mindestwartezeit von 15 Jahren zurückgelegt hat, oder

    Hinweis: Zur Mindestwartezeit gehören dabei insbesondere Pflichtbeiträge, freiwillige Beiträge, Kindererziehungszeiten und Zeiten aus einem Versorgungsausgleich.

  - Empfänger einer Erwerbsminderungsrente ist

    Hinweis: Hinterbliebene Ehepartner mit Anspruch auf eine große Witwen- oder Witwerrente wegen verminderter Erwerbsfähigkeit erfüllen stets diese Voraussetzungen für eine berufliche Reha.

    und

  - ohne diese Leistungen müsste eine Rente wegen verminderter Erwerbsfähigkeit gezahlt werden oder
  - die Leistungen sind unmittelbar im Anschluss an eine medizinische Rehabilitation erforderlich, damit die Rehabilitation erfolgreich beendet werden kann.

Erfüllt der Antragsteller die Voraussetzungen nicht, ist richtiger Ansprechpartner die Bundesagentur für Arbeit und nicht die Rentenversicherung.

7.6 Medizinische Rehabilitation

7.6.1 Allgemeines

Als **Teil der Leistungen zur Teilhabe** umfassen die Leistungen zur medizinischen Reha also die Gesamtheit der medizinischen Leistungen gem. § 42 Abs. 1 SGB IX, um

- Behinderungen einschließlich chronischer Krankheiten abzuwenden, zu beseitigen, zu mindern, auszugleichen, eine Verschlimmerung zu verhüten oder
- Einschränkungen der Erwerbsfähigkeit und Pflegebedürftigkeit zu vermeiden, zu überwinden, zu mindern, eine Verschlimmerung zu verhindern sowie den vorzeitigen Bezug von laufenden Sozialleistungen zu vermeiden oder laufende Sozialleistungen zu mindern.

Die **Leistungen** zur medizinischen Reha **umfassen** dabei – ambulant oder stationär durch Reha-Dienste und Reha-Einrichtungen (bei Bedarf inklusive erforderlicher Unterkunft und Verpflegung) – gemäß § 42 Abs. 2 SGB IX:

1. Behandlung durch Ärzte, Zahnärzte und Angehörige anderer Heilberufe
2. Früherkennung und Frühförderung behinderter oder von Behinderung bedrohter Kinder (§ 46 SGB IX)
3. Arznei- und Verbandmittel
4. Heilmittel einschließlich physikalischer, Sprach- und Beschäftigungstherapie
5. Psychotherapie
6. Hilfsmittel einschließlich der notwendigen Änderung, Instandhaltung und Ersatzbeschaffung sowie der Ausbildung im Gebrauch der Hilfsmittel (§ 47 SGB IX)
7. Belastungserprobung und Arbeitstherapie
8. Stufenweise Wiedereingliederung (§ 44 SGB IX)
9. Förderung der Selbsthilfe (§ 45 SGB IX)

7.6.2 Stufenweise Wiedereingliederung: Hamburger Modell

Eine in der Praxis häufig angewandte Leistung der medizinischen Reha ist die stufenweise Wiedereingliederung nach dem sog. Hamburger Modell, basierend auf § 44 SGB IX i. V. m. § 74 SGB V. Hier eine kleine Einführung:

Die Wiedereingliederung soll arbeitsunfähige Versicherte nach länger andauernder (schwerer) Krankheit wieder schrittweise an die volle Arbeitsleistung heranführen. Können arbeitsunfähige Versicherte nach ärztlicher Feststellung

- ihre bisherige Tätigkeit teilweise verrichten und
- können sie durch eine stufenweise Wiederaufnahme ihrer Tätigkeit voraussichtlich besser wieder in das Erwerbsleben eingegliedert werden,

sollen die medizinischen und die sie ergänzenden Leistungen entsprechend dieser Zielsetzung erbracht werden (§ 44 SGB IX).

Hierzu soll der Arzt auf der Bescheinigung über die Arbeitsunfähigkeit Art und Umfang der möglichen Tätigkeiten angeben und dabei in geeigneten Fällen

- die Stellungnahme des Betriebsarztes oder
- mit Zustimmung der Krankenkasse die Stellungnahme des Medizinischen Dienstes

einholen (§ 74 SGB V).

Achtung: Damit eine stufenweise Wiedereingliederung überhaupt in Betracht kommt, muss die Arbeitsunfähigkeit bereits länger als sechs Wochen bestehen. Ich hatte einmal einen Fall, in dem der Patient nach einer schweren Operation nicht weiter arbeitsunfähig geschrieben wurde, obwohl er nach fünf Wochen immer noch nicht arbeitsfähig war. Trotz erheblicher Probleme musste er dennoch vom ersten Tag an wieder voll arbeiten.

7.6.2.1 Zuständige Reha-Träger

Als Leistungsträger kommen die Krankenversicherung, gesetzliche Rentenversicherung (Hauptfälle) sowie gegebenenfalls auch die Agentur für Arbeit oder die Unfallversicherung in Frage.

- Die *Krankenkasse* ist für die stufenweise Wiedereingliederung zuständig, wenn diese z. B. von niedergelassenen Ärzten als Mittel zur Beendigung einer Arbeitsunfähigkeit empfohlen wird (§ 74 SGB V). Für die Dauer der stufenweisen Wiedereingliederung liegt noch Arbeitsunfähigkeit vor und es besteht Anspruch auf Krankengeld. Der Arzt stellt einen Wiedereingliederungsplan (Stufenplan) auf.
- Die *Rentenversicherung* ist für Leistungen zur stufenweisen Wiedereingliederung (Übergangsgeld) zuständig, wenn
  - die Notwendigkeit einer stufenweisen Wiedereingliederung bis zum Ende einer von der Rentenversicherung finanzierten medizinischen Reha-Leistung in der jeweiligen Reha-Einrichtung festgestellt und die stufenweise Wiedereingliederung auch bis dahin eingeleitet wurde,
  - die stufenweise Wiedereingliederung unmittelbar auf eine medizinische Reha-Leistung der gesetzlichen Rentenversicherung folgt (§ 15 SGB VI i. V. m. §§ 28, 51 SGB IX).

Hinweis: Auch wenn während einer stufenweisen Wiedereingliederung Krankengeld bezahlt wird, hat der betroffene Mitarbeiter nach einer Entscheidung des Bundessozialgerichts (BSG)[92] keinen Anspruch auf Fahrtkostenerstattung für den Arbeitsweg.

7.6.2.2 Anregungsrecht

Wer kann eigentlich eine stufenweise Wiedereingliederung anregen? Nun, da kommen einige in Betracht:

- der arbeitsunfähige Versicherte selbst
- behandelnde Ärzte (vgl. ausdrücklich § 74 SGB V)
- Ärzte in stationären und ambulanten Einrichtungen (Akutkrankenhäuser, Reha-Einrichtungen)
- Arbeitgeber
- Betriebsärzte, überbetriebliche Dienste von Betriebsärzten und betriebliche Sozialdienste

[92] BSG v. 16.05.2024 – Az. B 1 KR 7/23 R

- sonstige Personen oder Stellen in Betrieben bzw. Unternehmen (z. B. BEM-Team, Personalabteilung, Betriebs-/Personalrat, SBV)
- gesetzliche Krankenkassen

  Hinweis: Private Krankenkassen übernehmen immer häufiger auch die stufenweise Wiedereingliederung als freiwillige Leistung. Dies muss aber im Einzelfall bei der Kasse geklärt werden.
- Medizinische Dienste der Krankenversicherung (MDK) bzw. Sozialmedizinischer Dienst der Bundesknappschaft (SMD)
- Unfallversicherungsträger (Berufsgenossenschaften; nur bei Vorliegen von Arbeits-, Wegeunfällen oder Berufskrankheiten)
- Rentenversicherungsträger (DRV, Bundesknappschaft usw.).

Praxis-Tipp:

Möchte der Versicherte selbst die stufenweise Wiedereingliederung anregen, kann er das im Rahmen einer medizinischen Reha schon während der Reha-Leistung z. B. in der Reha-Klinik anregen. Damit kann gegebenenfalls ein direkter Übergang von der Reha-Maßnahme zur Wiedereingliederung erfolgen.

Ansonsten sollte der Versicherte mit seinem Hausarzt sprechen bzw. diesen in den Prozess miteinbeziehen.

7.6.2.3 Voraussetzungen

Drei Voraussetzungen müssen vorliegen, damit eine stufenweise Wiedereingliederung begonnen werden kann:

1. Befürwortung aus medizinischer Sicht durch den behandelnden Arzt, Betriebsarzt, MDK usw.
2. Zustimmung des Versicherten
   - Gegenüber dem Arbeitgeber trifft den Versicherten keine Mitwirkungspflicht, wie sich aus § 167 Abs. 2 SGB IX ergibt.
   - Eine Mitwirkungspflicht besteht allerdings gegenüber den Sozialversicherungsträgern, vgl. § 60 ff. SGB I. Bei Verstoß hiergegen kann es zur Versagung von Sozialleistungen (z. B. Krankengeld) kommen (Grenze: § 65 Abs. 1 SGB I).

- Für gesetzliche Krankenkassen ist zudem § 61 SGB V zu beachten. Hiernach kann die Kasse dem Versicherten eine Frist von zehn Wochen zur Beantragung von Leistungen der medizinischen Reha (z. B. Wiedereingliederung) setzen, ansonsten entfällt der Anspruch auf Krankengeld.

3. Zustimmung des Arbeitgebers

   Grundsätzlich besteht keine Pflicht des Arbeitgebers zur Zustimmung (vgl. § 266 BGB). Schwerbehinderte/Gleichgestellte haben jedoch – wenn denn der Arbeitgeber zustimmt – auch während einer stufenweisen Wiedereingliederung den Anspruch auf einen behindertengerechten Arbeitsplatz gem. § 164 Abs. 4 S. 1 SGB IX[93]. Dies kann im Einzelfall durchaus dazu führen, dass der Arbeitgeber dazu verpflichtet ist, an einer Maßnahme der stufenweisen Wiedereingliederung derart mitzuwirken, dass er den Beschäftigten entsprechend den Vorgaben des Wiedereingliederungsplans beschäftigt.[94]

7.6.2.4 Durchführung

Während der stufenweisen Wiedereingliederung erfolgen regelmäßige ärztliche Untersuchungen. Diese führen dann zu **Anpassungen** nach oben oder unten, je nachdem, ob eine Steigerung oder Minderung der Belastbarkeit vorliegt. Gegebenenfalls erfolgt ein Abbruch der Wiedereingliederung.

7

Falls das Ziel nicht erreichbar ist, erfolgt eine unverzügliche Information der Krankenkasse.

Der **Arbeitgeber** muss **keine Zahlungen** erbringen.

Vorsicht: Zahlt der Arbeitgeber allerdings Entgelt gemäß dem Arbeitsvertrag, hat nur der zuständige Reha-Träger etwas davon. Denn es erfolgt eine Anrechnung auf das Krankengeld.

Praxis-Tipp:

Rein freiwillige Zuwendungen (Anerkennungs-/Motivationsprämie) werden nicht auf das Krankengeld angerechnet. Vorausgesetzt, die Zuwendung zusammen mit dem Krankengeld übersteigt das Nettoarbeitsentgelt gem. § 47 SGB V nicht um mehr als 50 Euro pro Monat.

---

[93] BAG v. 13.06.2006 – Az. 9 AZR 229/05

[94] vgl. BAG v. 16.05.2019 – Az. 8 AZR 530/17

Wird die Wiedereingliederung mangels Erfolges abgebrochen, könnte der Arbeitgeber vielleicht einen behindertengerechten Arbeitsplatz anbieten.

Die **Arbeitserprobung** auf diesem Arbeitsplatz ist dann allerdings nicht mehr Bestandteil des Wiedereingliederungsverfahrens, sondern „Teilhabe am Arbeitsleben".

Anderenfalls wäre Übergangsgeld bei der Rentenversicherung (Voraussetzung: 15 Versicherungsjahre) oder der Bundesagentur für Arbeit zu beantragen.

7.7 Teilhabe am Arbeitsleben

7.7.1 Allgemeines, Überblick

Leistungen zur Teilhabe am Arbeitsleben werden erbracht, um die Erwerbsfähigkeit **behinderter oder von Behinderung bedrohter Menschen** entsprechend ihrer Leistungsfähigkeit

- zu erhalten,
- zu verbessern,
- herzustellen oder
- wiederherzustellen

und ihre Teilhabe am Arbeitsleben möglichst auf Dauer zu sichern (§ 49 Abs. 1 SGB IX).

Die Leistungen umfassen gem. § 49 Abs. 3 SGB IX insbesondere:

- Hilfen zur Erhaltung oder Erlangung eines Arbeitsplatzes einschließlich Leistungen zur Aktivierung und beruflichen Eingliederung
- Berufsvorbereitung einschließlich einer wegen der Behinderung erforderlichen Grundausbildung
- Individuelle betriebliche Qualifizierung im Rahmen unterstützter Beschäftigung
- Berufliche Anpassung und Weiterbildung, auch soweit die Leistungen einen zur Teilnahme erforderlichen schulischen Abschluss einschließen

- Berufliche Ausbildung, auch soweit die Leistungen in einem zeitlich nicht überwiegenden Abschnitt schulisch durchgeführt werden
- Förderung der Aufnahme einer selbstständigen Tätigkeit durch die Reha-Träger nach § 6 Abs. 1 Nr. 2 bis 5 SGB IX
- Sonstige Hilfen zur Förderung der Teilhabe am Arbeitsleben, um Menschen mit Behinderungen eine angemessene und geeignete Beschäftigung oder eine selbstständige Tätigkeit zu ermöglichen und zu erhalten

Bei der **Auswahl der Leistungen** werden

- Eignung,
- Neigung,
- bisherige Tätigkeit sowie
- Lage und Entwicklung auf dem Arbeitsmarkt

angemessen berücksichtigt.

Soweit erforderlich, wird dabei die **berufliche Eignung abgeklärt** oder eine **Arbeitserprobung** durchgeführt; in diesem Fall werden die Kosten nach § 49 Abs. 7 SGB IX, Reisekosten sowie Haushaltshilfe und Kinderbetreuungskosten übernommen (§ 49 Abs. 4 SGB IX).

Praxis-Tipp:

Beachten Sie, dass hier häufig auch wichtige Hilfestellungen seitens der Integrationsfachdienste der Integrationsämter in Frage kommen (4.3.2.6). Nutzen Sie diese Hilfen!

7.7.2 Technische Arbeitshilfen

7.7.2.1 Allgemeines

Mit technischen Arbeitshilfen sollen folgende Ziele erreicht werden:

- bei bestimmten Behinderungen die Arbeitstätigkeit überhaupt erst zu *ermöglichen,*

- die Arbeitsausführung zu *erleichtern*, d. h. Arbeitsbelastungen zu verringern und
- die Arbeitssicherheit zu *gewährleisten.*

Sie werden auf Grundlage der §§ 49 Abs. 8 Nr. 4, 50 Abs. 1 Nr. 3 SGB IX; § 185 Abs. 3 Nr. 1a SGB IX i. V. m. § 19 (Arbeitnehmer) bzw. § 26 Abs. 1 Nr. 3 (Arbeitgeber) SchwbAV erbracht.

Praxis-Tipp:
Wertvolle Beratung/Unterstützung können Arbeitgeber, Arbeitnehmer und Integrationsteam bei den Technischen Beratungsdiensten der Integrationsämter (4.3.2.6) in Anspruch nehmen. Auch die Integrationsfachdienste und/oder die Einheitlichen Ansprechstellen für Arbeitgeber nach § 185a SGB IX (meist IFD) sind hier wertvolle Ansprechpartner.

Technische Arbeitshilfen können dabei für Schwerbehinderte und Gleichgestellte durch die Reha-Träger (vgl. §§ 49 Abs. 8 Nr. 4, 50 Abs. 1 Nr. 3 SGB IX) und das Integrationsamt erbracht werden.

Gelegentlich werden Einzelmaßnahmen erbracht. Oft sind technische Arbeitshilfen aber Bestandteil einer umfassenden ergonomischen und behinderungsgerechten Gestaltung des Arbeitsplatzes und seines Umfelds.

7.7.2.2 Zuschuss des Integrationsamts

Im Rahmen der begleitenden Hilfen im Arbeitsleben werden technische Arbeitshilfen meist als finanzieller Zuschuss geleistet. Dieser kann bis zu 100 Prozent betragen und wird entweder an den Schwerbehinderten/Gleichgestellten selbst (vgl. § 19 SchwbAV) oder den Arbeitgeber (vgl. § 26 Abs. 1 Nr. 3 SchwbAV) geleistet.

Hinweis: Erhält der Schwerbehinderte/Gleichgestellte selbst den Zuschuss, wird er in der Regel Eigentümer der technischen Arbeitshilfe, d. h. er kann diese jederzeit mit sich nehmen, etwa wenn er das Unternehmen verlässt.

Voraussetzungen für die Gewährung des Zuschusses sind, dass

- mit der Arbeitshilfe die Eingliederung in das Arbeitsleben ermöglicht, erleichtert oder gesichert wird und

- die Kosten nicht vom Arbeitgeber übernommen werden (im Rahmen der behindertengerechten Arbeitsplatzausstattung gem. § 164 Abs. 4 Nrn. 4 und 5 SGB IX) und
- der finanzielle Aufwand für den Schwerbehinderten/Gleichgestellten nicht zumutbar ist.

Liegen die Voraussetzungen vor, können die

- Kosten der Erst- und Ersatzbeschaffung,
- Wartungs- und Instandhaltungskosten,
- Ausbildung im Gebrauch und
- Anpassung an technische Weiterentwicklungen

übernommen werden.

Wichtig: Der Antrag muss immer **vor** einer möglichen Auftragsvergabe oder Bestellung erfolgen, da ansonsten der Bedarf gedeckt ist!

7.7.3 Arbeitsassistenz

Die Arbeitsassistenz ist einer von mehreren Bestandteilen des umfassenden Ansatzes zur persönlichen Assistenz bei den Verrichtungen des täglichen Lebens und zur Teilhabe am Arbeitsleben und in der Gemeinschaft. Rechtliche Grundlage sind § 185 Abs. 4 SGB IX i. V. m. § 17 Abs. 1a SchwbAV; § 49 SGB IX und § 78 SGB IX.

Sie wird für Schwerbehinderte und Gleichgestellte mit erheblichem Unterstützungsbedarf gewährt, wobei sie in der Realität wohl eher selten bei Gleichgestellten in Betracht kommt.

Zuständig sind

- das Integrationsamt zur Sicherung eines bestehenden Beschäftigungsverhältnisses,
- die Reha-Träger (meist die Bundesagentur für Arbeit), wenn es um die Erlangung eines Beschäftigungsverhältnisses geht.

Achtung: Hier ist der Rechtsanspruch gegenüber dem Reha-Träger begrenzt auf drei Jahre. In einer Eingliederungsphase kann sich gegebenenfalls ein Zuständigkeitswechsel hin zum Integrationsamt ergeben.

Der Schwerbehinderte/Gleichgestellte ist selbst verantwortlich für die Organisation und die Anleitung der Arbeitsassistenz.

Er erhält eine **Geldleistung** und stellt die Assistenzkraft entweder selbst ein (sog. Arbeitgebermodell) oder beauftragt einen entsprechenden Anbieter von Assistenzdienstleistungen. Letzteres ist z. B. bei Gebärdendolmetschern der häufigere Fall. Denn so wird sichergestellt, dass eine kontinuierliche Unterstützung erfolgen kann.

Voraussetzungen:

- Es handelt sich um eine arbeitsplatzbezogene Unterstützung – nicht um die Erledigung der Arbeit selbst!
- Es darf sich nicht um allgemeine pflegerische oder betreuende Hilfen handeln, die in keinem Zusammenhang mit der Arbeitstätigkeit stehen.
- Der Arbeitgeber des Betroffenen hat sein schriftliches Einverständnis gegeben.
- Die Unterstützung ist für eine Arbeits-/Berufstätigkeit erforderlich.
- Geldmittel der Ausgleichsabgabe stehen zur Verfügung.
- Die Kosten der Arbeitsassistenz stehen in einem ausgewogenen Verhältnis zu dem damit erzielten wirtschaftlichen Integrationserfolg. Als Maßstab gilt dabei das sozialversicherungspflichtige Einkommen des Schwerbehinderten/Gleichgestellten.

Praxis-Tipp:

Eine Arbeitsassistenz kommt erst dann in Betracht, wenn alle anderen Maßnahmen der begleitenden Hilfe nicht greifen (Nachrangigkeitsprinzip).

Arbeitsassistenzen können auch übernommen werden, wenn dadurch eine selbstständige Existenz aufgebaut oder erhalten wird.

Interessant sind hier auch die Empfehlungen der Bundesarbeitsgemeinschaft der Integrationsämter und Hauptfürsorgestellen (BIH), welche Sie auf deren Homepage (www.integrationsaemter.de) abrufen können.

7.7.4 Hilfe in besonderen Lebenslagen

Die Regelung des § 185 Abs. 3 Nr. 1f SGB IX i. V. m. § 25 SchwbAV stellt eine Auffangnorm dar für Leistungen in Form eines Zuschusses oder Darlehens zur beruflichen Eingliederung, die nicht ausdrücklich im SGB IX oder der SchwbAV benannt werden.

Auch hier geht es um Schwerbehinderte und Gleichgestellte mit erheblichem Unterstützungsbedarf.

Zuständig ist das Integrationsamt.

Voraussetzungen sind hier:

- klassische Leistungen kommen nicht in Frage (insbesondere §§ 19-24 SchwbAV),
- die Eingliederung in das Arbeitsleben stößt unter Berücksichtigung von Art oder Schwere der Behinderung auf besondere Schwierigkeiten,
- die Leistung ist geeignet, die berufliche Eingliederung zu ermöglichen, zu erleichtern oder zu sichern,
- ohne diese Maßnahme droht der Verlust des Arbeitsplatzes,
- der Schwerbehinderte/Gleichgestellte arbeitet mindestens 15 Stunden pro Woche,
- es wird tarifliches oder ortsübliches Entgelt gezahlt.

7.7.5 Hilfen zum Erreichen des Arbeitsplatzes

Hier geht es gem. § 185 Abs. 3 Nr. 1b SGB IX i. V. m. § 20 SchwbAV i. V. m. der Kraftfahrzeug-Hilfeverordnung (KfzHV) um Zuschüsse für Maßnahmen zur Erreichung des Arbeitsplatzes. Gefördert werden Schwerbehinderte/Gleichgestellte, die im Arbeits- und Berufsleben stehen.

Zuständig sind hier vorrangig die Reha-Träger, vor allem bei sozialversicherungspflichtig Beschäftigten. Bei Selbstständigen und Beamten ist das Integrationsamt richtiger Ansprechpartner.

Gem. § 2 KfzHV kommen Zuschüsse in Betracht:

- zur Beschaffung eines Kraftfahrzeugs
- für eine behinderungsbedingte Zusatzausstattung
- zur Erlangung einer Fahrerlaubnis

Voraussetzungen sind nach § 3 KfzHV:

- Der Schwerbehinderte/Gleichgestellte ist infolge seiner Behinderung nicht nur vorübergehend auf die Benutzung eines Kraftfahrzeugs angewiesen, um seinen Arbeits- oder Ausbildungsort zu erreichen und

- er kann ein Kraftfahrzeug führen oder es ist gewährleistet, dass ein Dritter das Kraftfahrzeug für ihn führt.

Praxis-Tipp:
Die Deutsche Rentenversicherung bietet ein Formularpaket für Versicherte an, das Antragspaket Kraftfahrzeughilfe (KfZ). Dieses finden Sie auf der Homepage der Deutschen Rentenversicherung (www.deutsche-rentenversicherung.de).

Informationen der Unfallversicherungsträger finden Sie unter www.dguv.de/de/reha_leistung/richtlinien-uvt/index.jsp.

7.7.6 Qualifizierung

Auf Grundlage des § 185 Abs. 3 Nr. 1e SGB IX i. V. m. § 24 SchwbAV unter Berücksichtigung der „Empfehlungen der BIH für Hilfen zur Teilnahme an Maßnahmen zur Erhaltung und Erweiterung beruflicher Kenntnisse und Fertigkeiten" werden Maßnahmen zur berufs- bzw. tätigkeitsbegleitenden **Anpassungsfortbildung** gefördert.

Praxis-Tipp:
Die Empfehlungen der BIH können Sie auf deren Homepage (www.integrationsaemter.de) abrufen.

Zuständig ist das Integrationsamt, welches Leistungen für Schwerbehinderte und Gleichgestellte erbringen kann.

Qualifizierung meint dabei Maßnahmen zur berufs- bzw. tätigkeitsbegleitenden Anpassungsfortbildung, also Qualifizierungsmaßnahmen, die durch eine Veränderung oder Erweiterung der betrieblichen oder dienstlichen Anforderungen an den schwerbehinderten Beschäftigten erforderlich werden. Hilfen können allerdings auch zum beruflichen Aufstieg erbracht werden.

Fazit: Letztlich soll der Schwerbehinderte/Gleichgestellte „fit gemacht" werden, um veränderte berufliche Anforderungen erfüllen zu können.

Nicht förderfähig sind nach § 24 SchwbAV:

- Maßnahmen der Erstausbildung
- Maßnahmen der beruflichen Umschulung
- Zweitausbildungen

Grund: Hier geht es nicht um „Anpassung".

Zudem sind Qualifizierungsleistungen nachrangig. Sie dürfen nach § 18 Abs. 1 SchwbAV nur erbracht werden, soweit Leistungen für denselben Zweck nicht von einem Reha-Träger, vom Arbeitgeber oder von anderer Seite zu erbringen sind oder erbracht werden.

7.8 Unterhaltssichernde und andere ergänzende Leistungen

Nach den §§ 64 bis 74 SGB IX können unterhaltssichernde (z. B. Übergangsgeld) und ergänzende Leistungen aus Anlass der Ausführung einer Leistung zur medizinischen Rehabilitation oder Teilhabe am Arbeitsleben beansprucht werden.

Diese Leistungen sollen im Wesentlichen die wirtschaftlichen Kosten des Lohnausfalls während der Durchführung von Reha-Leistungen ausgleichen.

Beispiele:

- weiterlaufende Sozialversicherungskosten
- Reisekosten
- Ausfall bei der Betreuung von Kindern

Darüber hinaus umfassen sie die Ergänzung medizinischer Reha-Leistungen, wie etwa Reha-Sport.

7.9 Überblick: Leistungsspektrum der Träger

Abschließend ein tabellarischer Überblick:

- Welcher Leistungsträger (Reha-Träger)
- erbringt (grundsätzlich) welche Leistungen
- aus den einzelnen Leistungsgruppen des SGB IX?

Reha- bzw. Leistungsträger	**Medizinische Reha**	**Teilhabe am Arbeitsleben**	**Soziale Teilhabe**	**Unterhaltssichernde u. a. Leistungen**	**Teilhabe an Bildung**
Gesetzliche Krankenversicherung*	X			X	
Gesetzliche Rentenversicherung	X	X		X	
Alterssicherung der Landwirte	X			X	
Gesetzliche Unfallversicherung**	X	X	X	X	X
Bundesagentur für Arbeit		X		X	
Träger der öffentlichen Jugendhilfe	X	X	X		X
Träger der Eingliederungshilfe	X	X	X		X
Träger der Sozialen Entschädigung***	X	X	X	X	X
Integrationsamt****		X			

* Die Pflegekasse ist kein Reha-Träger, wird aber am Verfahren zur Bedarfsermittlung beteiligt, wenn Leistungen der sozialen Pflegeversicherung in Betracht kommen.

** wenn ein Versicherungsfall i. S. v. §§ 7 ff. SGB VII vorliegt

*** auch Träger der Soldatenentschädigung

**** Integrationsamt ist kein Rehabilitationsträger, kann sich aber für die Leistung zuständig erklären.

7.10 Leistungsgrundsätze und verfahrensrechtliche Fragen

7.10.1 Allgemeine Leistungsgrundsätze

Lassen Sie uns zunächst ein paar „Glaubenssätze" ansehen, die es vielleicht ein wenig einfacher machen, das Leistungsverhalten des ein oder anderen Trägers zu verstehen.

Vorrang der Prävention: § 3 SGB IX drückt dies recht klar aus: „Die Rehabilitationsträger und die Integrationsämter wirken .... darauf hin, dass der Eintritt einer Behinderung einschließlich einer chronischen Krankheit vermieden wird."

Frei nach dem Motto: „Die beste Behinderung bzw. chronische Krankheit ist die, die gar nicht erst entsteht."

„Reha vor Rente" bzw. Vorrang von Leistungen zur Teilhabe. Nach § 9 Abs. 2 SGB IX bedeutet dies, dass dann, wenn Teilhabeleistungen den Rentenfall verhindern oder verzögern können, zunächst auch Teilhabeleistungen erbracht werden sollen.

Hintergrund: Nicht umsonst werden viele Rehakliniken von der Deutschen Rentenversicherung oder den Trägern der gesetzlichen Unfallversicherung betrieben. Besser, man bekommt die Menschen mit einer Rehamaßnahme zurück in Lohn und Brot – und macht sie wieder zu Beitragszahlern –, statt sie für immer auf der Rentenkasse liegen zu haben.

Wunsch- und Wahlrecht des Leistungsberechtigten: In der Praxis oft noch unbekannt ist § 8 SGB IX im Bereich der Teilhabe behinderter Menschen. Bei der Entscheidung über die Leistungen und bei deren Ausführungen wird den berechtigten Wünschen des Betroffenen entsprochen und Rücksicht auf ihre persönliche Lebenssituation sowie ihre geschlechtsspezifischen und religiösen Bedürfnisse genommen (§ 8 Abs. 1 SGB IX). Dies sowohl hinsichtlich des „Ob" als auch des „Wie" der Leistung. Leistungen zur Teilhabe können nur mit Zustimmung des Betroffenen erbracht werden (§ 8 Abs. 4 SGB IX).

Beispiel:

Im Rahmen einer medizinischen Reha hat der Versicherte hier z. B. die Wahl, welche Reha-Klinik er aufsuchen möchte. Sofern diese die richtige Indikation anbietet und auch Plätze frei hat. Es kann also lohnen, sich frühzeitig auf die Warteliste der Wunschklinik setzen zu lassen. Oder man hat die Wahl zwischen einer ambulanten und einer stationären Reha.

Sicherung der Erwerbsfähigkeit: Insbesondere § 10 Abs. 5 SGB IX ist hier von Bedeutung: „Die Rehabilitationsträger wirken auch in den Fällen der Hinzuziehung durch Arbeitgeber infolge einer Arbeitsplatzgefährdung nach § 167 Absatz 2 [Anm.: BEM-Verfahren] Satz 4 auf eine frühzeitige Antragstellung auf Leistungen zur Teilhabe nach allen in Betracht kommenden Leistungsgesetzen hin. (...)"

7.10.2 Mitwirkungspflichten des Leistungsberechtigten

Die allgemeinen Mitwirkungspflichten des Leistungsberechtigten finden sich in den §§ 60 ff. SGB I. Danach bestehen gegenüber dem zuständigen Leistungsträger – sofern verhältnismäßig und zumutbar – folgende Verpflichtungen (vgl. § 60 SGB I):

- Alle Tatsachen sind anzugeben, die für die Leistung erheblich sind.
- Auf Verlangen ist der Erteilung der erforderlichen Auskünfte durch Dritte (z. B. Ärzte) zuzustimmen.
- Änderungen in den Verhältnissen, die für die Leistung erheblich sind oder über die im Zusammenhang mit der Leistung Erklärungen abgegeben worden sind, sind unverzüglich mitzuteilen.
- Beweismittel sind zu bezeichnen und auf Anforderung vorzulegen oder ihrer Vorlage durch Dritte ist zuzustimmen.
- Auf Verlangen muss man zur mündlichen Erörterung des Antrages oder zur Vornahme anderer für die Entscheidung notwendigen Maßnahmen (z. B. ärztliche Untersuchung) persönlich erscheinen.

Beispiel:

So kann es erforderlich sein, ärztliche Atteste vorzulegen, die behandelnden Ärzte von der Schweigepflicht zu entbinden oder zu ärztlichen Untersuchungen zu erscheinen. Auch die Teilnahme an einer Heilbehandlung kann dazu gehören.

7.10.3 Verstöße gegen die Mitwirkungspflichten

Man sollte sich wirklich gut überlegen, ob man seinen Mitwirkungspflichten nicht doch besser nachkommt, denn Verstöße können teils recht tiefgreifende Konsequenzen haben:

- Wird die Aufklärung des Sachverhaltes erheblich erschwert, so kann der Reha-Träger die Leistungen ganz oder teilweise versagen oder entziehen, § 66 SGB I.
- Wer wissentlich falsche oder unvollständige Angaben macht, kann wegen Betruges strafrechtlich verfolgt werden, § 263 StGB.
- Die Erstattung zu Unrecht erbrachter Leistungen kann verlangt werden.

Wenn ein **schwerbehinderter Mensch**

- einen zumutbaren Arbeitsplatz ohne berechtigten Grund zurückweist
- oder aufgibt
- oder sich ohne berechtigten Grund weigert, an einer Maßnahme zur Teilhabe am Arbeitsleben teilzunehmen,
- oder sonst durch sein Verhalten seine Teilhabe am Arbeitsleben schuldhaft vereitelt,

kann das Integrationsamt (im Benehmen mit der Bundesagentur für Arbeit) die besonderen Hilfen für schwerbehinderte Menschen zeitweilig entziehen (§ 200 Abs. 1 SGB IX).

7.10.4 Klärung der Zuständigkeit, § 14 SGB IX

Etwas Erleichterung im Dschungel der Zuständigkeiten verschafft dem Antragsteller die Vorschrift des § 14 SGB IX.

Letztlich stellt der Betroffene seinen Leistungsantrag bei dem Träger, den er für zuständig hält. Der Leistungsträger hat dann in der

Regel 14 Tage Zeit, den Antrag an den zuständigen Träger weiterzuleiten. Tut er dies nicht, wird er – nach den für den Leistungsträger gültigen Regelungen – zuständig.

Hintergrund: Das ist übrigens ein Grund dafür, warum relativ viele Reha-Anträge kurz vor Weihnachten bei den Rentenversicherungsträgern eingehen. Dies in der Hoffnung, dass die Zwei-Wochen-Frist nicht eingehalten werden kann. Dann bleibt die (bessere Leistungen erbringende) Rentenversicherung zuständig – anstelle der (weniger Leistungen erbringenden) Krankenkasse. Böse ist, wer Böses dabei denkt.

Hier noch ein Auszug aus den gesetzlichen Vorgaben:

§ 14 SGB IX Zuständigkeit (Auszug)

„(1) Werden Leistungen zur Teilhabe beantragt, stellt der Rehabilitationsträger innerhalb von zwei Wochen nach Eingang des Antrages bei ihm fest, ob er nach dem für ihn geltenden Leistungsgesetz für die Leistung zuständig ist; … . Stellt er bei der Prüfung fest, dass er für die Leistung insgesamt nicht zuständig ist, leitet er den Antrag unverzüglich dem nach seiner Auffassung zuständigen Rehabilitationsträger zu und unterrichtet hierüber den Antragsteller. …

(2) Wird der Antrag nicht weitergeleitet, stellt der Rehabilitationsträger den Rehabilitationsbedarf … unverzüglich und umfassend fest und erbringt die Leistungen (leistender Rehabilitationsträger). Muss für diese Feststellung kein Gutachten eingeholt werden, entscheidet der leistende Rehabilitationsträger innerhalb von drei Wochen nach Antragseingang. Ist für die Feststellung des Rehabilitationsbedarfs ein Gutachten erforderlich, wird die Entscheidung innerhalb von zwei Wochen nach Vorliegen des Gutachtens getroffen. …"

Wie bereits erwähnt, ist das Integrationsamt kein Reha-Träger. Dennoch findet im Rahmen der Kooperation zwischen den Reha-Trägern und dem Integrationsamt § 14 SGB IX entsprechende Anwendung mit der Konsequenz, dass sich das Integrationsamt für zuständig erklären kann.

Beispiel:

Ein Antrag auf Leistungen zur Teilhabe am Arbeitsleben geht unmittelbar beim Integrationsamt ein:

§ 14 SGB IX gilt sinngemäß. Somit führt das Integrationsamt das Verfahren durch, wenn es sich für zuständig hält. Anderenfalls leitet es den Antrag unverzüglich an den zuständigen Reha-Träger weiter.

8. Feststellung von GdB und Gleichstellung

8. Feststellung von GdB und Gleichstellung

8.1 Die Rolle der SBV im Feststellungsverfahren

In § 178 Abs. 1 S. 3 SGB IX heißt es hierzu:

§ 178 Abs. 1 S. 3 SGB IX

„Die Schwerbehindertenvertretung unterstützt Beschäftigte auch bei Anträgen an die nach § 152 Absatz 1 zuständigen Behörden auf Feststellung einer Behinderung, ihres Grades und einer Schwerbehinderung sowie bei Anträgen auf Gleichstellung an die Agentur für Arbeit."

Damit ist klargestellt, dass die SBV auch Kollegen unterstützt, die aktuell noch nicht als Schwerbehinderter/Gleichgestellter anerkannt/festgestellt sind.

Achtung:

Sie **unterstützen** Ihre Kollegen. Das bedeutet, dass Sie helfen – Sie sind nicht der Anwalt und vor allem NICHT der Vertreter Ihres Kollegen.

Kurz gesagt: **Helfen: Ja – Vertreten: Nein.**

8 Und warum? Nun, treten Sie als Vertreter auf – was Sie übrigens rein rechtlich gar nicht dürfen – und machen dabei einen Fehler – dann haften Sie. Und zwar persönlich. Mit Ihrem Privatvermögen.

Also: Finger weg von Vertretungen oder Bevollmächtigungen.

Und: Nein, Sie sind auch nicht Zustellungsbevollmächtigter!

Wenn Ihr Kollege glaubt, alleine mit dem Verwaltungsverfahren überfordert zu sein – was ich sehr gut verstehen kann – schicken Sie ihn zum Anwalt oder einem Behindertenverband, wie z. B. den VdK (vgl. 4.3.2.8).

Was können Sie tun?

- Seien Sie behilflich. So können Sie z. B. unterstützen bei der Suche nach der richtigen Behörde.

Hilfreich ist hier die Hompage des Sozialministeriums Niedersachsen:

https://soziales.niedersachsen.de/startseite/service_kontakt/ortsverzeichnis_deutschland_nach_zustandigen_versorgungsamtern/ortsverzeichnis-deutschland-54.html

- Sie können Antragsformulare vorhalten (schauen Sie dazu z. B. auf die Homepage Ihres Versorgungsamtes).
- Sie können den Gesetzestext der Versorgungsmedizin-Verordnung (VersMedV) bereithalten, siehe z. B.

  www.bmas.de/DE/Service/Publikationen/Broschueren/k710-anhaltspunkte-fuer-die-aerztliche-gutachtertaetigkeit.html

  oder www.gesetze-im-internet.de/versmedv/

  Achtung: Die VersMedV wird regelmäßig überarbeitet. Achten Sie darauf, die jeweils aktuelle Version vorliegen zu haben.
- Sie können gemeinsam mit dem Betroffenen den Antrag durchgehen und prüfen, ob die Angaben Ihres Kollegen und gegebenenfalls des Arztes vollständig sind.

8.2 Bildung des Grades der Behinderung (GdB)

Zunächst ist hier nochmals festzuhalten: Gem. § 2 Abs. 2 SGB IX ist eine Person „schwerbehindert", wenn sie einen GdB von wenigstens 50 hat und ihren Wohnsitz oder gewöhnlichen Aufenthalt oder Arbeitsplatz i. S. d. § 156 SGB IX in Deutschland hat. 8

Beispiel:

Meine Kanzlei liegt etwa 14 km von der österreichischen Grenze entfernt. Eine ehemalige Mitarbeiterin wohnte und lebte in Österreich, arbeitete aber bei mir in Deutschland. Sie konnte also ihre Schwerbehinderung in Deutschland feststellen lassen.

Teil der Feststellung in Deutschland ist also auch ein Bezug zu Deutschland. Würde meine Mitarbeiterin aus dem obigen Beispiel in Österreich arbeiten, bekäme sie in Deutschland keine Feststellung. Dann müsste sie sich an die österreichischen Behörden wenden.

8.2.1 Grundsätze zur Bildung eines GdB

Ausgangspunkt ist die Definition der „Behinderung" (§ 2 Abs. 1 SGB IX):

- Der GdB stellt die Auswirkungen der Funktionsbeeinträchtigungen in 10er-Graden zwischen 20 bis 100 fest.
- Es werden nur Funktionsbeeinträchtigungen berücksichtigt, die wahrscheinlich länger als sechs Monate bestehen bleiben.

  Beispiel: So wurden bei mir einige Rippenbrüche nicht berücksichtigt, da diese in sechs Monaten wieder ausgeheilt sind.
- Es muss eine Regelwidrigkeit gegenüber dem für das Lebensalter typischen Zustand bestehen.

  Beispiel: Verschleißerscheinungen der Bandscheiben, die für das aktuelle Alter üblich sind, bleiben außer Betracht.
- Die Bildung des GdB ist unabhängig von Beruf oder Tätigkeit. So können auch Schüler oder Rentner eine Feststellung erhalten.
- Zukünftig zu erwartende Gesundheitsstörungen bleiben außer Betracht.
- Die in der GdB-Tabelle der VersMedV genannten Sätze berücksichtigen bereits (übliche) seelische Beeinträchtigungen und Schmerzbelastung.

8

8.2.2 Maßstab: Versorgungsmedizinische Grundsätze

Maßstab und Ausgangspunkt für die Beurteilung des GdB ist dabei die VersMedV – die Versorgungsmedizin-Verordnung. Diese enthält in Teil B der darin enthaltenen sog. Versorgungsmedizinischen Grundsätze eine Tabelle mit GdS-/GdB-Werten, gegliedert nach Organgruppen.

Beispiel: GdS-Tabelle B 3.9 (VersMedV)

3.9 Rückenmarkschäden

Unvollständige, leichte Halsmarkschädigung mit beidseits geringen motorischen und sensiblen Ausfällen, ohne Störungen der Blasen- und Mastdarmfunktion. . . . 30 – 60

Unvollständige Brustmark-, Lendenmark- oder Kaudaschädigung mit Teillähmung beider Beine, ohne Störungen der Blasen- und Mastdarmfunktion. . . . 30 – 60

Unvollständige Brustmark-, Lendenmark- oder Kaudaschädigung mit Teillähmung beider Beine und Störungen der Blasen- und/oder Mastdarmfunktion. . . . 60 – 80

Unvollständige Halsmarkschädigung mit gewichtigen Teillähmungen beider Arme und Beine und Störungen der Blasen- und/oder Mastdarmfunktion. . . . 100

Vollständige Halsmarkschädigung mit vollständiger Lähmung beider Arme und Beine und Störungen der Blasen- und/oder Mastdarmfunktion. . . . 100

Vollständige Brustmark-, Lendenmark- oder Kaudaschädigung mit vollständiger Lähmung der Beine und Störungen der Blasen- und/oder Mastdarmfunktion. . . . 100

Wie Sie aus dem Beispiel ersehen können, werden die GdS-/GdB-Werte teils mit feststehenden Werten versehen, teils aber auch mit „von-bis"-Angaben, die teils eine sehr weite Spannweite haben (30–60 in obigem Beispiel).

Praxis-Tipp:

Wichtig ist es, im Rahmen der Antragstellung möglichst vollständig alle mit einem GdS/GdB bewertbaren Erkrankungen, Einschränkungen etc. anzugeben. Hierbei sollte man den Hausarzt um Unterstützung bitten.

8.2.3 Verfahrensweise bei der GdB-Bildung

Liegen mehrere GdS-/GdB-bewertbare Beeinträchtigungen vor, erfolgt **keine Addition der Einzel-GdB**!

Maßgebend sind im Rahmen einer **ärztlichen Gesamtschau** die

- Beeinträchtigung in ihrer Gesamtheit
- unter Berücksichtigung ihrer wechselseitigen Beziehungen zueinander.

Ausgangspunkt ist dabei die Funktionsbeeinträchtigung mit dem höchsten Einzel-GdB. Sodann erfolgt die Prüfung, ob weitere Beeinträchtigungen den GdB um 10, 20 oder gar mehr erhöhen. Leichte Gesundheitsstörungen mit einem GdB von 10 bleiben dabei außer

Betracht. Selbst Beeinträchtigungen mit einem Einzel-GdB 20 finden meist keine Berücksichtigung.

Die ärztliche Gesamtschau behandelt dabei meist vier Fragen:

- Wie weit sind die einzelnen Beeinträchtigungen voneinander unabhängig und betreffen damit (ganz) verschiedene Bereiche im Ablauf des täglichen Lebens?

  Beispiel: Eine Gehbehinderung betrifft andere Bereiche im täglichen Leben als eine Hörbehinderung.

- Wirkt sich eine Beeinträchtigung auf eine andere besonders nachteilig aus?

  Beispiel: Diabetes kann sich sehr nachteilig auf eine schon bestehende Nierenschädigung auswirken.

- Inwieweit gibt es Überschneidungen?

  Beispiel: Steifheit des Mittelfingers neben Steifheit des Ringfingers.

- Wird das Ausmaß der Beeinträchtigung durch weitere Gesundheitsstörungen womöglich gar nicht verstärkt?

  Beispiel: Bei einer Querschnittslähmung spielt eine Steifheit des Sprunggelenks keine wesentliche Rolle.

Das alles klingt eigentlich ganz logisch und nachvollziehbar. Letztlich zeigt aber die Realität, dass man sich hier gelegentlich vorkommt wie bei der Mixtur des Zaubertranks bei Asterix und Obelix. Niemand weiß, was genau, wie und in welcher Menge und Zusammensetzung die Bestandteile in den Trog kommen.

Was allerdings auffällig ist, dass die anscheinend „magische Schallgrenze" des GdB 50 immer dann nur sehr schwer eingerissen wird, wenn kein Einzel-GdB von wenigstens 50 vorliegt.

Achtung: Wurde seitens des Trägers der gesetzlichen Unfallversicherung (meist die Berufsgenossenschaft) auf Basis eines Grundlagenbescheides bereits eine Minderung der Erwerbsfähigkeit (MdE) festgestellt, dann ist diese Feststellung als verbindlicher Einzel-GdB zugrunde zu legen.

8.2.4 Sonderfall: Heilungsbewährung

Die sog. Heilungsbewährung hat ihren Anwendungsbereich bei bestimmten Gesundheitsstörungen (vgl. allgemeine Hinweise zu GdS-Tabelle Teil B Nr. 1c VMG VersMedV).

Sie greift nach Transplantationen innerer Organe und nach der Behandlung von Krankheiten, bei denen dies in der Tabelle vorgegeben ist. Dazu gehören vor allem bösartige Geschwulstkrankheiten (Krebs).

Der Zeitraum einer Heilungsbewährung beträgt meist fünf Jahre. Maßgeblicher Bezugspunkt für den Beginn ist der Zeitpunkt, an dem die Geschwulst durch Operation oder andere Primärtherapie als beseitigt angesehen wird.

Bis zum Ablauf der Heilungsbewährung – also in der Regel bis zum Ablauf des fünften Jahres nach der Geschwulstbeseitigung – wird meist ein GdB von 50 bis 80 festgestellt.

Letztlich geht es darum, bei besonders schwerwiegenden Erkrankungen, deren Folgen nicht ohne Weiteres absehbar sind, Druck von den Betroffenen zu nehmen dadurch, dass in dieser Übergangszeit relativ problemlos eine Schwerbehinderung anerkannt wird.

Vor Ablauf der Heilungsbewährung erhalten die Betroffenen ein **Anhörungsschreiben** des Versorgungsamts, in dem oftmals mitgeteilt wird, dass nach Auskunft der Ärzte der Verlauf gut sei und sich keine Rezidive gebildet hätten. Es sei daher beabsichtigt, den GdB herabzusetzen, meist auf einen Wert deutlich unter 50.

In allen diesen Fällen ist es wichtig, auf **mögliche Folgeerscheinungen** wie etwa Funktionsstörungen aufgrund von Bestrahlung oder Operation oder auch besondere psychische Beeinträchtigungen hinzuweisen, da dies von den behandelnden Ärzten gelegentlich in ihrer Stellungnahme an das Versorgungsamt übersehen wird. Auch ist es wichtig, dass die durchgehende Behandlung und weitere Gesundheitsstörungen durch Arztbesuche gut dokumentiert sind!

Praxis-Tipp:

Betroffene sollten daher von Beginn an bei ihren behandelnden Ärzten darauf drängen, dass derartige Folgeerscheinungen in der Patientenakte gut dokumentiert sind.

Beispiel:

In einem besonders tragischen Fall wurden einer jungen Frau wegen diverser Geschwülste beide Brüste operativ entfernt. Bei der Operation kam es aufgrund eines Kunstfehlers dazu, dass die Frau eine etwa 8 cm lange, 4 cm breite Brandnarbe am Hals erlitt. Die hierdurch entstandene psychische Belastung wirkte sich sehr stark negativ auf die ohnehin bestehende psychische Ausnahmesituation aufgrund der Krebserkrankung der Frau aus.

8.2.5 Die Merkzeichen

Zusammen mit der Feststellung des GdB können auch bestimmte Merkzeichen beantragt/festgestellt werden.

Hier eine Übersicht zu den einzelnen Merkzeichen:

G	Erhebliche Gehbehinderung: Es können keine üblichen Wegstrecken im Ortsverkehr (ca. 2 km in 30 Minuten) gefahrlos zurückgelegt werden.
aG	Außergewöhnliche Gehbehinderung: Mobilitätsbezogene Teilhabebeeinträchtigung (quasi vom 1. Schritt an) und GdB von mindestens 80, v. a. bei Notwendigkeit eines Rollstuhls (z. B. aber auch bei schwerer Störung der Herztätigkeit, Lungenfunktion etc.).
H	Hilflosigkeit: ständige Bereitschaft zur Hilfestellung erforderlich (z. B. Blindheit, Querschnittlähmung, Verlust von zwei oder mehr Gliedmaßen, Hirnschäden mit einem GdB von 100).
B	Berechtigung für ständige Begleitung: Voraussetzungen für G, aG, Gl, Bl oder H liegen vor und bei Nutzung öffentlicher Verkehrsmittel ist regelmäßig fremde Hilfe notwendig.
Bl	Blindheit und hochgradige Sehbehinderung: vollständiges Fehlen des Augenlichts bzw. insgesamt weniger als 1/50 der normalen Sehschärfe.
Gl	Gehörlosigkeit: Taubheit beiderseits oder eine an Taubheit grenzende Schwerhörigkeit beiderseits mit schweren Sprachstörungen.

RF	Ermäßigung von der Rundfunkgebührenpflicht 100 %: taubblinde Menschen, Empfänger von Blindenhilfe, Sonderfürsorgeberechtigte i. S. d. § 27e BVG. *Reduziert:* Blinde/sehbehinderte mit GdB mindestens 60, hörgeschädigte Menschen mit nahezu Gehörlosigkeit, GdB mindestens 80 und keine Möglichkeit der Teilnahme an öffentlichen Veranstaltungen wegen des Leidens (www.rundfunkbeitrag.de).
1. Kl.	Nur für Schwerkriegsbeschädigte nach dem BVG mit einem GdS von mind. 70: Kostenloses Upgrade auf 1. Klasse.
TBl	Taubblind (neu seit 30.12.2016): GdB wegen Störung der Hörfunktion mindestens 70 plus wegen Sehvermögen GdB 100. Bl und Gl werden gegebenenfalls zusätzlich eingetragen.

8.2.6 Nachteilsausgleiche im Überblick

8.2.6.1 Früher in Rente?

Ein Thema, welches immer wieder angesprochen wird, ist die Rente. Hier kann man nur raten, auf jeden Fall eine qualifizierte Rentenberatung aufzusuchen, bevor man hier – womöglich sehr – teure Fehler macht. Denn jeder Einzelfall, jeder Versicherungsverlauf weist seine Besonderheiten und womöglich Tücken auf.

Ganz allgemein lässt sich sagen, dass ein Schwerbehinderter (nicht: Gleichgestellter!) zwei Jahre früher ohne Abzug in Altersrente gehen kann, wenn er zum Zeitpunkt des Rentenantrags mindestens einen Grad der Behinderung von 50 hat und auf mindestens 35 Versicherungsjahre kommt.

Mit Abschlägen von 10,8 Prozent kann gegebenenfalls ein vorzeitiger Rentenbeginn mit 62 Jahren in Betracht kommen. Hier gilt erst recht: Keinen Antrag stellen, ohne vorherige fundierte Beratung – denn: Die Abschläge bleiben bis zum Lebensende erhalten!

Beraten können z. B.:

- Behindertenverbände (vgl. 4.3.2.8)
- Rentenberater
  (vgl. z. B. Bundesverband der Rentenberater www.rentenberater.de)
- die gesetzliche Rentenversicherung
  (z. B. telefonisch unter 0 800/10 00 48 00).

8.2.6.2 Allgemeine Nachteilsausgleiche

Nachfolgend eine kleine Übersicht zu den wichtigsten Nachteilsausgleichen bezogen auf die Merkzeichen:

G	B	aG
Freifahrt ÖPNV mit Wertmarke (104 € / Jahr)		Freifahrt ÖPNV mit Wertmarke (104 € / Jahr)
wahlweise Ermäßigung der Kfz-Steuer		**und** Befreiung von der Kfz-Steuer
	Freifahrt Begleitperson in Nah- und Fernverkehr	Freifahrt Begleitperson in Nah- und Fernverkehr
ggf. sonstige Parkerleichterungen	ggf. sonstige Parkerleichterungen	Parken auf Parkplätzen mit Rollstuhlsymbol und sonstige Parkerleichterungen
Steuerfreier Pauschbetrag gem. GdB		Steuerfreier Pauschbetrag gem. GdB
ggf. Kfz-Kosten als außergewöhnliche Belastung bzw. ggf. Abzug von Fahrtkosten als Werbungskosten		Kfz-Kosten als außergewöhnliche Belastung

8

H	Bl	Gi
Freifahrt ÖPNV mit Wertmarke (auf Antrag kostenlos)	Freifahrt ÖPNV mit Wertmarke (auf Antrag kostenlos)	Freifahrt ÖPNV mit Wertmarke (104 € / Jahr)
und Kfz-Steuer Befreiung	**und** Kfz-Steuer Befreiung	**wahlweise** Kfz-Steuer Ermäßigung
	Freifahrt Begleitperson in Nah- und Fernverkehr	
	Parken auf Parkplätzen mit Rollstuhlsymbol und sonstige Parkerleichterungen	
Steuerfreier Pauschbetrag 7.400 €	Steuerfreier Pauschbetrag 7.400 €	Steuerfreier Pauschbetrag gem. GdB

H	Bl	Gi
Steuerfreibetrag für Haushaltshilfe		

8.2.6.3 Parkerleichterungen

8.2.6.3.1 Behindertenparkplätze und sonstige Parkerleichterungen (blauer Parkausweis)

Den bekannten blauen Parkausweis bekommen Menschen mit

- Merkzeichen aG oder
- Merkzeichen Bl oder
- schwerbehinderte Menschen mit Verlust beider Arme oder Phokomelie (Hände bzw. Füße setzen unmittelbar an Schulter/Hüfte an) und vergleichbare Funktionseinschränkungen.

8.2.6.3.2 Sonstige Parkerleichterungen (Orangener Parkausweis)

Vgl. § 47 Abs. 1 Nr. 11 StVO. Wird in der Regel von den Verkehrsbehörden (meist Landratsämter) erteilt bei:

- Merkzeichen G und B und GdB mindestens 80 allein für Funktionsstörungen an den unteren Gliedmaßen
- Merkzeichen G und B und GdB mindestens 70 allein für Funktionsstörungen an den unteren Gliedmaßen und GdB mindestens 50 für Funktionsstörungen Herz oder Atmungsorgane
- GdB mindestens 60 bei Morbus Crohn/Colitis Ulcerosa
- GdB mindestens 70 bei künstlichem Darmausgang und künstlicher Harnableitung

8.2.6.3.3 Sonstige Parkerleichterungen (Gelber Parkausweis)

In Schleswig-Holstein, Mecklenburg-Vorpommern, Rheinland-Pfalz – sonst sind die Regelungen in den einzelnen Bundesländern unterschiedlich:

- Merkzeichen G und GdB mindestens 70 und maximale Gehstrecke 100 m

- Personen wegen erheblicher vorübergehender oder noch nicht anerkannter dauernder Gehbehinderung/Mobilitätsbeeinträchtigung (maximale Gehstrecke 100 m)

8.2.6.3.4 Was sind „sonstige Parkerleichterungen"?

- im eingeschränkten Halteverbot und auf Anwohnerparkplätzen mit Parkscheibe bis drei Stunden parken
- im Zonenhalteverbot und auf gekennzeichneten öffentlichen Parkflächen die Parkdauer überschreiten
- kostenlos an Parkscheinautomat und Parkuhr parken
- in Fußgängerzonen während der Ladezeiten parken
- in verkehrsberuhigten Zonen (sog. „Spielstraßen") außerhalb der gekennzeichneten Flächen parken, wenn der Durchgangsverkehr nicht behindert wird

8.2.6.4 Praxishinweis: Euroschlüssel für Behindertentoiletten

Seit 1986 gibt es ein europaweit einheitliches Schließsystem für behindertengerechte Anlagen, die mittlerweile nahezu flächendeckend in Deutschland, Österreich und der Schweiz zu finden sind, das sog. Eurozylinderschloss bzw. der Euroschlüssel.

Jeder, der im Besitz eines solchen Schlüssels ist, kann diese Einrichtungen (z. B. Behindertentoiletten in Städten, öffentlichen Gebäuden, Bahnhöfen, Autobahnraststätten, Hochschulen, Freizeitanlagen, Kaufhäusern) nutzen.

Der Euroschlüssel ermöglicht den Zugang lediglich einem eingeschränkten Personenkreis, der auf besondere Einrichtungen und Ausgestaltung angewiesen ist. Berechtigt zum Kauf eines Euroschlüssels sind behinderte Personen, die in ihrem Schwerbehindertenausweis

- eines der Merkzeichen aG, B, H, Bl eingetragen haben (unabhängig vom GdB) oder
- das Merkzeichen G und einen GdB von mindestens 70 eingetragen haben.

Dies sind in der Regel:

- Blinde
- Sehbehinderte

- schwer Gehbehinderte
- Rollstuhlfahrer
- Stomaträger
- Schwerbehinderte, die hilfsbedürftig sind und gegebenenfalls eine Hilfsperson brauchen
- Multiple Sklerose Erkrankte
- Morbus Crohn Erkrankte
- Colitis ulcerosa Erkrankte
- Menschen mit chronischen Blasen-/Darmleiden

Der Schlüssel kostet derzeit aktuell 28,90 Euro und wird vom „Club Behinderter und ihrer Freunde, Darmstadt und Umgebung e. V. (CBF)" vertrieben. Details finden Sie unter www.schwerbehindertenausweis.de/nachteilsausgleiche/mobilitaet-und-reisen/euroschluessel-fuer-behindertentoiletten.

8.2.6.5 Steuerfreibeträge

Je nach GdB/Merkzeichen können jährlich unterschiedliche Steuerfreibeträge geltend gemacht werden (Tabelle gültig ab 2021):

GdB 20	384 Euro
GdB 30	620 Euro
GdB 40	860 Euro
GdB 50	1.140 Euro
GdB 60	1.440 Euro
GdB 70	1.780 Euro
GdB 80	2.120 Euro
GdB 90	2.460 Euro
GdB 100	2.840 Euro
Merkzeichen H, Bl, TBl	7.400 Euro

Die aktuell gültigen steuerlichen Werte können sie z. B. hier abrufen:

www.schwerbehindertenausweis.de/nachteilsausgleiche/steuern/steuerfreibetraege-fuer-die-einkommensteuer

Hinweis: Beim Behinderten-Pauschbetrag nach § 33b EStG greift seit 01.01.2026 ein grundlegender Systemwechsel: Neufeststellungen und Änderungen des Grades der Behinderung werden von den Versorgungsämtern elektronisch direkt an das Finanzamt übermittelt. Der Pauschbetrag selbst bleibt in seiner Höhe unverändert, wird aber künftig nur noch gewährt, wenn der Behindertenstatus digital gemeldet ist. Alt-Bescheide in Papierform behalten für ihren Gültigkeitszeitraum Bestandsschutz, für neue oder geänderte Bescheide gilt jedoch ausschließlich das digitale Verfahren.

8.2.7 Das (Verwaltungs-)Feststellungsverfahren im Überblick

Das der Feststellung des GdB zugrundeliegende Verwaltungsverfahren ist zum größten Teil in § 152 SGB IX geregelt.

Zunächst muss die Feststellung beantragt werden – sonst passiert gar nichts. Der **Antrag** ist zwar grundsätzlich formlos möglich, die Behörde wird allerdings ein entsprechendes Antragsformular übermitteln, also kann man auch gleich dieses verwenden.

Zuständig sind in der Regel die Versorgungsämter am Wohnsitz des Antragstellers (vgl. https://soziales.niedersachsen.de/startseite/service_kontakt/ortsverzeichnis_deutschland_nach_zustandigen_versorgungsamtern/).

Die **Feststellung** der Behinderung erfolgt sodann durch den Versorgungsträger von Amts wegen, § 20 SGB X. Dieser holt – falls erforderlich – z. B. auch Gutachten ein oder veranlasst Untersuchungen. Der Anspruchsteller hat ein Recht auf Akteneinsicht, vgl. § 25 SGB X.

8

Als (Bezugs-)**Zeitpunkt** der Feststellung gilt der Tag des **Antragseingangs,** § 152 Abs. 1 S. 1 SGB IX. Nur bei berechtigtem Interesse auch früher, § 152 Abs. 1 S. 2 SGB IX.[95]

Praxis-Tipp:

Gelegentlich kann es daher sinnvoll sein, einen (formlosen) Antrag möglichst früh einzureichen, auch wenn diesem noch nicht alle Informationen beigefügt werden (können).

Den Antragsteller treffen gewisse **Mitwirkungspflichten**, wie etwa das Zulassen von Auskünften durch Dritte (v. a. Ärzte) oder die Bereitschaft, sich untersuchen zu lassen; vgl. §§ 21 Abs. 2 SGB X; 60 ff. SGB I.

---

[95] vgl. zur rückwirkenden Feststellung: Dau, § 152, RdNr. 17; Feldes, § 152 RdNr. 7

Die Versorgungsämter sollen innerhalb gesetzlich vorgegebener **Fristen** ihre **Entscheidung** treffen, wobei diese in der Praxis selten eingehalten werden:

- Ist für die Feststellung **kein Gutachten erforderlich**, so sollte die Entscheidung binnen **drei Wochen** ab Antragseingang erfolgen, § 152 Abs. 1 S. 3 i. V. m. § 14 Abs. 2 S. 2 SGB IX.
- Ist für die Feststellung ein **Gutachten erforderlich**, so sollte der Verfahrensgang gem. § 152 Abs. 1 S. 3 i. V. m. § 14 Abs. 2 S. 3 SGB IX i. V. m. § 17 Abs. 1 S. 1, Abs. 2 S. 1 SGB IX wie folgt ablaufen:
  - unverzügliche Beauftragung eines Sachverständigen nach Vorliegen aller Unterlagen, insbesondere der eingeholten Befundberichte
  - Erstellung des Gutachtens innerhalb von zwei Wochen
  - Entscheidung über den Antrag innerhalb von weiteren zwei Wochen.

Die Verfahrensdauer beträgt dann **mindestens fünf Wochen**.

Praxis-Tipp:

Auch wenn ich schon vereinzelt gehört habe, dass Versorgungsämter diese Entscheidungsfristen eingehalten haben, zeigt die überwiegende Praxis doch deutlich längere Verfahrensdauern. Insbesondere dann, wenn man auf den besonderen Kündigungsschutz für Schwerbehinderte hofft, sollte man zeitgleich mit dem Antrag auf Feststellung des GdB bei der Bundesagentur für Arbeit die Gleichstellung beantragen. Diese wirkt dann gegebenenfalls auf den Zeitpunkt der Antragstellung zurück.

8.2.8 Inhalt des Feststellungsbescheides

Einige Inhalte des Feststellungsbescheides können für den Betroffenen durchaus interessant sein. Von daher hier kurz, was so alles im Bescheid steht:

- Feststellung (Gesamt-)GdB in 10er-Graden
- Zeitpunkt, ab wann die Feststellung wirksam ist, u. U. auch rückwirkend

- der Feststellung zugrundeliegende Umstände, meist kurze Darstellung des Verfahrensablaufs
- einzelne Behinderungen gem. § 2 Abs. 1 SGB IX nebst Teil-GdB (Einzel-GdB)
- gegebenenfalls Zeitpunkt der Überprüfung, insbesondere bei Heilungsbewährung und bei Gesundheitsstörungen, die sich voraussichtlich bessern können
- Merkzeichen, welche zur Inanspruchnahme von Nachteilsausgleichen berechtigen
- Rechtsbehelfsbelehrung

  Wichtig: Ist diese nicht vorhanden oder unvollständig und/oder falsch, verlängert sich die Widerspruchsfrist von einem Monat auf ein Jahr.

8.2.9 Änderung von Feststellungsbescheiden

Nicht alle Bescheide sind richtig – oder bleiben es für immer und ewig. Von daher gibt es letztlich drei Fallgruppen, in denen ein – rechtskräftiger – Feststellungsbescheid durch die Behörde geändert werden kann.

1) Ein GdB wurde nicht oder zu niedrig angesetzt.
   - Für die Zukunft kann das die Behörde jederzeit korrigieren, § 44 Abs. 2 S. 1 SGB X.
   - Für die Vergangenheit liegt dies im Ermessen der Behörde, § 44 Abs. 2 S. 2 SGB X.
2) Der GdB wurde von Anfang an zu hoch angesetzt.

   Sofern der Antragsteller nicht „geflunkert" – also z. B. arglistig getäuscht, gedroht oder bestochen – hat, kann der Bescheid grundsätzlich nur binnen zwei Jahren mit Wirkung für die Zukunft zurückgenommen werden (vgl. § 45 SGB X).
3) Änderung der tatsächlichen oder rechtlichen Verhältnisse

   Hier gibt es wiederum Untergruppen:
   - Verschlimmerung oder Verbesserung der Gesundheitsstörung für mindestens sechs Monate mit einer Änderung des GdB um mindestens 10 bzw. Hinzutreten oder Wegfall der Voraussetzungen für ein Merkzeichen.

- Änderung der „Versorgungsmedizinischen Grundsätze", vgl. § 48 SGB X. Dies sind vor allem die Fälle der Heilungsbewährung oder der Ankündigung im Bescheid, dass eine Behinderung nochmals überprüft wird, wenn die Möglichkeit der Besserung besteht.
- Aber auch Änderungen in den versorgungsmedizinischen Grundsätzen der VersMedV kommen hier in Betracht. So wurde z. B. im Dezember 2010 die Kniegelenksprothese von Einzel-GdB 50 auf 30 herabgestuft.

  Die Verordnung wurde zuletzt am 29.09.2025 geändert. Sie ist abrufbar unter:

  www.gesetze-im-internet.de/versmedv/

Achtung: Wenn der Betroffene selbst eine Überprüfung seines Bescheides beantragt, kann es auch schlechter werden! Denn so ein – häufig „Verschlimmerungsantrag" oder „Verschlechterungsantrag" genannter – Antrag ist verfahrenstechnisch ein „Antrag auf Neufeststellung". Man gibt damit jeden Vertrauensschutz – zumindest für die Zukunft – auf. Es sollte also wohl überlegt sein, ob so ein Antrag überhaupt Sinn macht – vor allem, wenn man „die 50" schon hat.

8.2.10 Schwerbehindertenausweis

Aktuell erhalten schwerbehinderte Menschen (nicht: Gleichgestellte) auf Antrag einen nationalen Schwerbehindertenausweis im Scheckkartenformat. Nähere Informationen erhalten Sie z. B. hier:

www.stmas.bayern.de/inklusives-leben/schwerbehindertenausweis

Der Antrag kann – wenn man ein Passbild beilegt – gleichzeitig mit der Feststellung des GdB beantragt werden. Der nationale Schwerbehindertenausweis wird allerdings im Ausland nicht immer anerkannt.

Die EU hat jedoch bereits 2024 per Richtlinie (EU 2024/2841) über die Einführung des EU-Behindertenausweises und des EU-Parkausweises für Menschen mit Behinderung entschieden.

Diese Richtlinie legt fest, dass die EU-Behindertenkarte und der EU-Parkausweis spätestens am 05.06.2028 in allen EU-Mitgliedstaaten verbindlich eingeführt werden müssen. Die Mitgliedstaaten sind verpflichtet, die Richtlinie bis zu diesem Zeitpunkt in nationales

Recht umzusetzen und dafür zu sorgen, dass die Karte ausgestellt und genutzt werden kann.

Deutschland kann die Karte bereits ab 2026 freiwillig ausgeben und anwenden. Die Teilnahme an der EU-Regelung und die Anerkennung der Karte können sich für Deutschland jedoch auch bis Juni 2028 hinziehen. Eine verbindliche nationale Frist vor 2028 existiert nicht. Die deutschen Behörden bereiten jedoch bereits für 2026 die digitale und physische Ausgabe mit einer mehrjährigen Übergangsphase bis zur endgültigen europaweiten Leistungspflicht vor.

Der Behindertenstatus wird dann europaweit anerkannt.

Menschen mit Behinderungen sowie deren Assistenten und Begleitpersonen können bei Reisen und Kurzaufenthalten in einem anderen EU-Land die gleichen Sonderkonditionen und Vorzugsbehandlungen in Anspruch nehmen wie Menschen mit Behinderung, die dort ihren Wohnsitz haben. Die Vorteile des EU-Behindertenausweises: freier Eintritt, Ermäßigungen, vorrangiger Zugang, persönliche Assistenzkräfte, Brailleschrift oder Audioguides, Mobilitätshilfen und Assistenztiere.[96]

8.3 Gleichstellung nach § 151 Abs. 2 SGB IX

8.3.1 Allgemeines

Die gesetzliche Regelung besagt, dass eine Gleichstellung von behinderten Menschen mit einem GdB von 30 oder 40 vorgenommen werden soll, wenn

- jemand infolge seiner Behinderung ohne die Gleichstellung einen geeigneten Arbeitsplatz nicht erlangen
- oder behalten kann.

Es müssen aufgrund der Behinderung also entweder für Stellenbewerber Wettbewerbsnachteile auf dem Arbeitsmarkt bestehen oder aber der Arbeitsplatz ist behinderungsbedingt gefährdet.

Die Behinderung muss dabei wesentliche Ursache für den Wettbewerbsnachteil oder die Gefährdung des Arbeitsverhältnisses sein. Außerdem muss der Arbeitsplatz „geeignet“ sein. Das bedeutet,

[96] Quelle: Europäisches Verbraucherzentrum Deutschland, www.evz.de/reisen-verkehr/gesundheit/europaeischer-behindertenausweis.html (abgerufen am 06.05.2026)

dass sich durch die Tätigkeit der Gesundheitszustand nicht verschlechtern darf.

Beispiel:

Ein Maurer mit schweren Wirbelsäulenproblemen wird wohl nicht auf dem Arbeitsplatz „Maurer" gleichgestellt werden, denn hier droht eine Verschlimmerung der Krankheit. Wird er aber im Betrieb als Verwaltungsmitarbeiter eingesetzt, dann könnte er auf dem gesundheitlich geeigneten Arbeitsplatz durchaus gleichgestellt werden.

Der Arbeitgeber hat gegen die Gleichstellungsentscheidung übrigens keine Anfechtungsmöglichkeit. Er ist nur „mittelbar betroffen" und die Gleichstellung greift nicht direkt in seine Rechte ein.[97]

8.3.2 Antrag – Begründung und Fallen

Der Antrag ist an die Bundesagentur für Arbeit zu stellen.

Dabei muss konkret vorgetragen werden, dass der Arbeitsplatz wegen der Behinderung gefährdet ist.

Solche Gefährdungen können z. B. sein:

- wiederholte/häufige behinderungsbedingte Fehlzeiten
- behinderungsbedingt verminderte Arbeitsleistung auch bei behinderungsgerecht ausgestattetem Arbeitsplatz
- dauernde verminderte Belastbarkeit
- Abmahnungen, Abfindungsangebote in Zusammenhang mit behinderungsbedingt verminderter Leistungsfähigkeit
- auf Dauer notwendige Hilfeleistungen anderer Mitarbeiter
- eingeschränkte berufliche und/oder regionale Mobilität aufgrund der Behinderung

Bis dato wurde seitens der Bundesagentur für Arbeit eine Gleichstellung in aller Regel dann abgelehnt, wenn der Behinderte über einen besonderen arbeitsrechtlichen Kündigungsschutz verfügte (z. B. als Betriebsratsmitglied).

[97] BSG v. 19.12.2001 – Az. B 11 AL 57/01 R

Beispiel:

Ich habe das sogar einmal bei einer schwangeren Frau erlebt. Auf meinen Einwand hin, dass sie kurz vor der Geburt steht und damit der Kündigungsschutz in etwa vier Monaten zu Ende wäre, bekam ich tatsächlich als Antwort: „Dann kommt doch sowieso die Elternzeit." Nun ja, die kam zwar – aber für den Vater. Im Widerspruchsverfahren war das alles dann kein Thema mehr.

Aber: Nach einer recht aktuellen Entscheidung des Sozialgerichts Berlin[98] scheint sich die Praxis der Arbeitsagenturen hier zu wandeln.

Das Sozialgericht entschied in diesem Fall, dass eine pauschale Ablehnung der Gleichstellung wegen der Betriebsratsmitgliedschaft und dem damit verbundenen Kündigungsschutz unzulässig ist.

Das Landessozialgericht Saarland[99] hat weiterhin erläutert, dass auch bei Beamten und Menschen mit besonderem Kündigungsschutz die Voraussetzungen der Gleichstellung wegen Arbeitsplatzgefährdung vorliegen können.

Hierfür bedürfe es aber einer besonderen Begründung, warum trotz Kündigungsschutz der Arbeitsplatz – nachvollziehbar – unsicherer ist als bei einem nichtbehinderten Kollegen.

8 **Beispiel:**

Dies soll bei einem Beamten der Fall sein, wenn behinderungsbedingt die Versetzung in den Ruhestand oder die behinderungsbedingte Versetzung oder Umsetzung auf einen anderen nicht gleichwertigen Arbeitsplatz droht.

Bei Vorliegen der Voraussetzungen für eine Gleichstellung muss nach einer Entscheidung des Bundessozialgerichts[100] eine Gleichstellung erfolgen, es sei denn, es liegt ein atypischer Fall vor. Der Gesetzgeber hat nämlich der Bundesagentur für Arbeit lediglich ein sog. gebundenes Ermessen zugestanden.

98 SG Berlin v. 12.02.2018 – Az. S 57 AL 1161/16
99 LSG Saarland v. 22.02.2019 – Az. L 6 AL 4/17
100 BSG v. 02.03.2000 – Az. B 7 AL 46/99 R

Praxis-Tipp:

Wenn möglich weisen Sie darauf hin, dass neben dem Kündigungsschutz auch der Anspruch auf den behindertengerechten Arbeitsplatz nach § 164 Abs. 4 SGB IX für die betroffene Person wichtig ist. Diesen Anspruch haben nur Schwerbehinderte und Gleichgestellte! Auch das kann ein sehr schwerwiegendes Argument für eine Gleichstellung sein!

Man muss den Arbeitgeber nicht über die Antragstellung informieren. Er erfährt allerdings von der Antragstellung, da die Arbeitsagentur ihm in der Regel einen Fragebogen zum Ausfüllen zuschickt.

Achtung: In dem seitens der Bundesagentur verwendeten Antragsformular kann man angeben, welche betrieblichen Institutionen zum Gleichstellungsantrag befragt werden dürfen. Das können die SBV und der Betriebsrat oder Personalrat sein. Aber auch der Arbeitgeber steht zur Auswahl.

Praxis-Tipp:

Ich rate hier immer: Stimmen Sie der Anhörung des Arbeitgebers nicht zu. Denn SBV und Betriebs-/Personalrat können die Fragen in der Regel genauso gut, wenn nicht besser beantworten – und man weckt beim Arbeitgeber keine schlafenden Hunde.

8.3.3 Anhörung der Betriebspartner

Sofern der Betroffene zustimmt, werden auch Sie als SBV und der Betriebs-/Personalrat von der Bundesagentur für Arbeit angehört.

Praxis-Tipp:

Auch hier gilt wieder: Synergieeffekte schaffen und die Stellungnahme möglichst gemeinsam mit Betriebs-/Personalrat erstellen.

Achten Sie bei Ihrer Stellungnahme bitte auf gesetzte Fristen.

Beantworten Sie die Fragen – am besten nach einem persönlichen Gespräch mit dem Antragsteller – so konkret und am Einzelfall orientiert wie möglich.

Üblicherweise werden Sie es mit Fragen zu tun bekommen wie:

- Welche Tätigkeit übt der behinderte Mensch an welchem Arbeitsplatz aus?
- Welche Behinderung liegt vor und wie wirkt sich diese auf die Tätigkeit aus?
- Liegt eine Einschränkung des Leistungsvermögens infolge der Behinderung vor? Wenn ja, ist der Betroffene in der Ausübung der derzeitigen beruflichen Tätigkeit gegenüber vergleichbaren, voll leistungsfähigen Arbeitnehmern noch wettbewerbsfähig?
- Ist der derzeitige Arbeitsplatz behinderungsgerecht?
- Ist der behinderte Mensch den Arbeitsplatzanforderungen gewachsen oder müssen diesbezüglich Leistungsminderungen infolge der Behinderung hingenommen werden?
- Ist eine innerbetriebliche Umsetzung auf einen behinderungsgerechten Arbeitsplatz erforderlich bzw. möglich?
- Sind vorhandene behinderungsgerechte Arbeitsplätze schwerbehinderten Menschen und Gleichgestellten vorbehalten? (meist wohl „Nein")
- Ist der Arbeitsplatz wegen der Behinderung derzeit gefährdet?
- Welche Ausfallzeiten sind eingetreten?
- Welcher Kündigungsschutz besteht? Liegt Unkündbarkeit vor? Falls ja, warum braucht es dennoch die Gleichstellung?

Praxis-Tipp (nochmal):

Wenn möglich weisen Sie darauf hin, dass neben dem Kündigungsschutz auch der Anspruch auf den behindertengerechten Arbeitsplatz nach § 164 Abs. 4 SGB IX für die betroffene Person wichtig ist. Diesen Anspruch haben nur Schwerbehinderte und Gleichgestellte! Auch das kann ein sehr schwerwiegendes Argument für eine Gleichstellung sein!

8.4 Rechtsmittel

8.4.1 Widerspruch und Klage

In diesem Kapitel wird der Verfahrensablauf bewusst nur sehr kurz dargestellt, denn es ist nicht Ihr Job, sich für Ihre Kollegen um die Einleitung rechtlicher Schritte zu kümmern!

Auch hier gilt also wieder das **Hausarztprinzip** (vgl. 1.3): Ihr Job ist es, Ihre Kollegen schnell zum richtigen Spezialisten (Verband, wie z. B. VdK, Anwalt, Gewerkschaft) zu schicken!

Vor allem auf die Einhaltung der **Fristen** sollte Wert gelegt werden. Hier müssen Sie Ihre Kollegen vielleicht ein wenig „schubsen".

8.4.1.1 Widerspruch

Erstes Rechtsmittel ist der Widerspruch. Dieser ist binnen **eines Monats** nach Bekanntgabe des Bescheids (zur Sicherheit: vier Tage ab Datum) bei der erlassenden Behörde **schriftlich** oder zur Niederschrift einzulegen. Eine Begründung ist nicht vorgeschrieben, aber sinnvoll.

Erachtet die Behörde den Widerspruch als begründet, wird sie einen sog. Abhilfebescheid erlassen.

Ansonsten gibt sie den Widerspruch an die nächsthöhere Behörde weiter, welche dann den Widerspruchsbescheid erlässt. Dieser kann

- gleich,
- besser oder
- schlechter

als der Ausgangsbescheid sein.

8.4.1.2 Klage

Wird dem Widerspruch nicht gefolgt (was häufig der Fall ist), bleibt oft nur die Klage zum Sozialgericht.

Hinweis: Vor dem Sozialgericht braucht man sich nicht zu fürchten. Das Verfahren ist gerichtskostenfrei und sehr oft habe ich erlebt, dass die vom Gericht bestellten Gutachter einen großartigen Job gemacht haben.

Die Klage muss binnen **eines Monats** ab Zugang des Widerspruchsbescheides **schriftlich** oder zur Niederschrift beim Sozialgericht eingereicht werden. Das Sozialgericht ermittelt von Amts wegen (vgl. § 103 Abs. 1 SGG).

Achtung: Nach § 109 SGG haben Sie die Möglichkeit, die Begutachtung durch einen „eigenen" Gutachter zu beantragen. Dies kann Sie aber ca. 2.000 bis 4.000 Euro kosten, auf denen Sie unter Umständen sitzen bleiben.

8.4.1.3 Untätigkeitsklage

Entscheidet die Behörde nicht binnen einer angemessenen Frist (6 bzw. 3 Monate), kann gem. § 88 SGG eine sog. **Untätigkeitsklage** beim Sozialgericht eingereicht werden. Allerdings ist bei den durchaus üppigen Verfahrensdauern vor den Sozialgerichten auch das meist wenig hilfreich. Die Drohung damit kann allerdings ein hilfreicher „Schubs" sein.

8.4.2 Wegfall von Schwerbehinderung/Gleichstellung, § 199 SGB IX

§ 199 SGB IX: Beendigung der Anwendung der besonderen Regelungen zur Teilhabe schwerbehinderter Menschen

„(1) Die besonderen Regelungen für schwerbehinderte Menschen werden nicht angewendet nach dem Wegfall der Voraussetzungen nach § 2 Absatz 2; wenn sich der Grad der Behinderung auf weniger als 50 verringert, jedoch erst am Ende des dritten Kalendermonats nach Eintritt der Unanfechtbarkeit des die Verringerung feststellenden Bescheides.

8

(2) Die besonderen Regelungen für gleichgestellte behinderte Menschen werden nach dem Widerruf oder der Rücknahme der Gleichstellung nicht mehr angewendet. Der Widerruf der Gleichstellung ist zulässig, wenn die Voraussetzungen nach § 2 Absatz 3 in Verbindung mit § 151 Absatz 2 weggefallen sind. Er wird erst am Ende des dritten Kalendermonats nach Eintritt seiner Unanfechtbarkeit wirksam.

(3) Bis zur Beendigung der Anwendung der besonderen Regelungen für schwerbehinderte Menschen und ihnen gleichgestellte behinderte Menschen werden die behinderten Menschen dem Arbeitgeber auf die Zahl der Pflichtarbeitsplätze für schwerbehinderte Menschen angerechnet."

Soweit der Gesetzestext im Original. Doch was bedeutet das in der Praxis?

Nun, lassen Sie uns ein konkretes Beispiel chronologisch durchspielen:

Beispiel:

Max Mustermann hatte einen GdB von 50 zuerkannt bekommen.

Im Rahmen eines Verschlechterungsantrags erlässt das Versorgungsamt am 01.02.2024 einen Herabstufungsbescheid auf GdB 30.

Hiergegen erhebt Max am 28.02.2024 Widerspruch.

Der negative Widerspruchsbescheid wird Max am 03.06.2024 zugestellt. Er erhebt am 28.06.2024 Klage zum Sozialgericht.

Am 30.03.2025 wird dem Max das klageabweisende Urteil des Sozialgerichts zugestellt.

Hiergegen legt er am 30.04.2025 Berufung zum Landessozialgericht ein.

Dieses stellt dem Max am 08.12.2025 das klageabweisende Berufungsurteil zu. Max gibt daraufhin auf und unternimmt nichts weiter.

Die Wirkungen nach dem SGB IX (z. B. der Kündigungsschutz) fallen am Ende des dritten Kalendermonats nach Eintritt der Unanfechtbarkeit weg, § 199 Abs. 1 SGB IX.

Hier hat der Max aus unserem Beispiel sämtliche Rechtsmittelfristen bis zum Berufungsverfahren eingehalten. Das Berufungsurteil wurde ihm am 08.12.2026 zugestellt. 8

- Die Frist zur Einlegung der Revision endet damit am 08.01.2026.
- Da Max keine Revision einlegt, wird am 08.01.2026 das Revisionsurteil rechtskräftig.
- Damit wird dann auch der Herabstufungsbescheid vom 01.02.2024 rechtskräftig.
- Der 3. Kalendermonat nach Eintritt der Rechtskraft ist der April, die Wirkungen des SGB IX fallen deshalb am 30.04.2026 weg.

Bis zu diesem Zeitpunkt bräuchte der Arbeitgeber also z. B. noch die Zustimmung des Integrationsamtes zur Kündigung des Max. Bis dahin steht Max dann z. B. auch der Zusatzurlaub nach § 208 SGB IX zu.

Und: Beabsichtigt Max in vorgezogene Altersrente für schwerbehinderte Menschen zu gehen, kann er dies in unserem Beispiel bis

31.03.2026 tun, wenn der Rentenbeginn spätesten am 01.04.2026 ist.

Achtung: Steuerrechtlich kommt es – wie sollte es auch anders sein – auf den Zeitpunkt der Feststellung an. Die Steuererleichterungen verliert Max damit schon ab 01.02.2019.

Die **Unanfechtbarkeit** tritt in folgenden Fällen ein:

- Rechtsmittelfristen sind abgelaufen (wie in unserem Beispiel)
- Rechtsmittelverzicht von allen
- Rücknahme eingelegter Rechtsmittel
- Rechtskräftige Entscheidung liegt vor
- Rechtskräftiger Vergleich

9. Besondere Ansprüche Schwerbehinderter aus dem Arbeitsverhältnis

9. Besondere Ansprüche Schwerbehinderter aus dem Arbeitsverhältnis

9.1 Diskriminierung Behinderter

9.1.1 Allgemeines Gleichbehandlungsgesetz (AGG)

§ 164 Abs. 2 SGB IX

„Arbeitgeber dürfen schwerbehinderte Beschäftigte nicht wegen ihrer Behinderung benachteiligen. Im Einzelnen gelten hierzu die Regelungen des Allgemeinen Gleichbehandlungsgesetzes."

Damit ist klar, dass das Allgemeine Gleichbehandlungsgesetz (AGG) auch auf (Schwer-)Behinderte Anwendung findet. Allerdings ist das ohnehin schon aufgrund § 1 AGG klar, da es hier bereits heißt, das Ziel des Gesetzes ist, u. a. Benachteiligungen wegen „einer Behinderung" zu verhindern oder zu beseitigen.

Gem. § 6 AGG zählen zu den geschützten Personen insbesondere:

- Arbeitnehmer
- Auszubildende
- Arbeitnehmerähnliche Personen
- Heimarbeiter
- Bewerber (!)
- Personen, deren Beschäftigungsverhältnis bereits beendet ist
- Selbstständige, Geschäftsführer, Vorstände

Dabei ist zu berücksichtigen, dass Diskriminierung nicht bedeutet, dass jede unterschiedliche Behandlung absolut unzulässig ist.

Verboten ist – wenn wir uns auf den Bereich der Behinderung beschränken – eine Diskriminierung **wegen** der Behinderung. Gibt es einen sogenannten sachlichen Grund, darf auch ein Behinderter diskriminiert werden.

Beispiel:

Ein Rollifahrer bewirbt sich auf eine Stelle als Polier im Hochbau bei der Bau AG. Die Bau AG baut nur Hochhäuser. Sie lehnt die

Bewerbung mit der zutreffenden Begründung ab, dass es aus Gründen der Arbeitssicherheit nicht möglich sei, einen Rollstuhlfahrer auf ihren Baustellen zu beschäftigen.

Der Grund der vermeintlichen Diskriminierung liegt hier nicht in der Behinderung, sondern in den Arbeitsschutzvorschriften.

Das AGG bezieht sich dabei nicht nur auf die Schwerbehinderung, sondern auf jede Form der Behinderung.

Benachteiligungen im Rahmen des Arbeitsverhältnisses sind insbesondere unzulässig (§ 2 Abs. 1 AGG) in Bezug auf:

- Auswahlkriterien und Einstellungsbedingungen und Bedingungen für den beruflichen Aufstieg
- Beschäftigungs- und Arbeitsbedingungen – inklusive Entgelt und Entlassungsbedingungen, insbesondere in individual- und kollektivrechtlichen Vereinbarungen

Der **Arbeitgeber** hat im Rahmen des AGG **Schutzpflichten** in zwei Bereichen:

1) Er darf selbst nicht diskriminieren, §§ 7, 16 AGG, z. B.
   - keine diskriminierende Stellenausschreibung
   - keine diskriminierenden Fragen im Bewerbungsgespräch („Sind Sie behindert?")
   - keine Diskriminierung bei Sozialleistungen z. B. eine Woche weniger übergesetzlicher Urlaub für Schwerbehinderte
   - keine Diskriminierung bei Beförderungen.
2) Der Arbeitgeber hat zudem vor Diskriminierung durch andere zu schützen (§ 12 AGG). Er muss ...
   - vorbeugende Maßnahmen gegen Benachteiligungen treffen (z. B. einen Verhaltenskodex schaffen), § 12 Abs. 1 AGG
   - auf Unzulässigkeit von Benachteiligungen hinweisen (z. B. im Rahmen von Schulungen), § 12 Abs. 2 AGG
   - eine Beschwerdestelle im Betrieb einrichten (z. B. Vorgesetzter oder Betriebs-/Personalrat), § 13 AGG
   - das AGG und die Beschwerdestelle bekannt machen, § 12 Abs. 5 AGG

- vor Benachteiligungen durch Kollegen schützen (z. B. durch Abmahnung), § 12 Abs. 4 AGG
- vor Benachteiligung durch Dritte (z. B. Kunden) schützen, § 12 Abs. 4 AGG

Natürlich betrifft dies nicht nur Diskriminierungen wegen einer Behinderung, sondern auch wegen anderer Diskriminierungstatbestände. Dies sind: Rasse, ethnische Herkunft, Geschlecht, Religion, Weltanschauung, Alter und sexuelle Identität.

9.1.2 Folgen (unzulässiger) Diskriminierung

9.1.2.1 Beweislast

Erinnern Sie sich noch an den Abschnitt zur Beteiligung der SBV bei der Einstellung von Mitarbeitern (vgl. 5.2.3)? Denken Sie daran: Wird die SBV hier nicht ordnungsgemäß beteiligt, ist dies ein Indiz für eine Diskriminierung!

Und § 22 AGG regelt, dass der Bewerber **nur Indizien** für eine Diskriminierung beweisen muss. Dann liegt es am Arbeitgeber, zu beweisen, dass hier nicht diskriminiert wurde – was in der Praxis meist recht schwer wird. Das gilt natürlich auch für Diskriminierungen im laufenden Arbeitsverhältnis.

9.1.2.2 Beschwerderecht, § 13 AGG

Die Beschwerdestelle prüft die eingereichte Beschwerde und teilt dem beschwerde-führenden Beschäftigten das Ergebnis mit.

9 Der Betriebs-/Personalrat sollte über die Beschwerde und das Ergebnis informiert werden, sofern er nicht selbst Beschwerdestelle ist.

Die Beschwerderechte nach § 85 BetrVG und § 68 Abs. 1 Nr. 3 BPersVG bestehen daneben weiter.

9.1.2.3 Leistungsverweigerungsrecht, § 14 AGG

§ 14 AGG

„Ergreift der Arbeitgeber keine oder offensichtlich ungeeignete Maßnahmen zur Unterbindung einer Belästigung oder sexuellen Belästigung am Arbeitsplatz, sind die betroffenen Beschäftigten berechtigt, ihre Tätigkeit ohne Verlust des Arbeitsentgelts einzustellen, soweit dies zu ihrem Schutz erforderlich ist. (...)"

Die Norm ist ausnahmsweise relativ klar formuliert. Hier geht es allerdings nur um Belästigungen i. S. v. § 3 Abs. 3 AGG (z. B. Anfeindungen, Erniedrigungen, Entwürdigungen, Beleidigungen) und sexuelle Belästigungen nach § 3 Abs. 4 AGG.

Allerdings trägt der Arbeitnehmer das Risiko der Fehleinschätzung. Zeigt sich im Nachhinein, dass der Arbeitgeber doch eine wirksame Maßnahme getroffen hat, kann dies dazu führen, dass der Betroffene doch seinen Entgeltanspruch verliert.

Beispiel:

Der stark gehbehinderte Markus verteilt die Post im Firmengebäude. In einer von insgesamt 40 Abteilungen, die Mark ablaufen muss, wird er immer lautstark mit Ausdrücken wie „Behindi", „Humpel-Markus" u. ä. verhöhnt. Er beschwert sich beim Arbeitgeber, der daraufhin kommentarlos per E-Mail den Text der betrieblichen Ethik-Richtlinien an alle Mitarbeiter verschickt, sonst aber auch auf mehrfache Nachfrage nichts unternimmt. Der Zustand bessert sich nicht, Markus beschließt, seine Arbeit komplett einzustellen.

Zwar hat Markus hier grundsätzlich Recht, dass die Maßnahme des Arbeitgebers – erwiesenermaßen – ungeeignet ist. Allerdings ist das komplette Einstellen der Arbeit durch Markus nicht zu seinem Schutz erforderlich. Es würde ausreichen, wenn er diese eine Abteilung auslässt.

9.1.2.4 Unterlassungsanspruch

Der benachteiligte Mitarbeiter kann nach den obigen Normen die Unterlassung oder Beseitigung der Diskriminierung verlangen (§ 15 Abs. 5 AGG i. V. m. §§ 1004, 823 Abs. 1 BGB). 9

Beispiel:

Der kleinwüchsige Karl verlangt die Entfernung eines Aushangs mit einer Einladung seiner Abteilung zur „Zwergen-Weitwurf-Olympiade".

9.1.2.5 Schadensersatz und Schmerzensgeld, § 15 AGG

Der **Anspruch auf Ersatz des materiellen Schadens (= Schadensersatz)** ist in § 15 Abs. 1 AGG geregelt. Er betrifft den Vermögensschaden, den die betroffene Person wegen der Diskriminierung erleidet.

Beispiel:

Das können Kosten für ärztliche Behandlungen oder die Unterstützung durch Beratungsstellen sein.

Bei Diskriminierungen wegen einer Behinderung kommt dies eher selten vor.

Der **Anspruch auf Ersatz immaterieller Schäden** ist in § 15 Abs. 2 AGG geregelt. Es handelt sich um eine Art „Schmerzensgeldanspruch" wie bei einer Verletzung des Körpers oder der Gesundheit. Denn mit der Diskriminierung geht üblicherweise eine Verletzung des Persönlichkeitsrechts einher. Bei der Bemessung sollen Schwere, Art und Dauer des Verstoßes und das Ausmaß des Verschuldens berücksichtigt werden.

Das Schmerzensgeld nach § 15 Abs. 2 AGG ist im Einstellungsverfahren – auch wenn diskriminierungsfrei nicht eingestellt worden wäre – auf drei Monatsgehälter begrenzt.

Der Anspruch ist binnen zwei Monaten ab Kenntnis schriftlich geltend zu machen, § 15 Abs. 4 AGG. Innerhalb von drei Monaten ab schriftlicher Geltendmachung ist sodann Klage vor dem Arbeitsgericht zu erheben, § 61b Abs. 1 ArbGG.

Beispiel:

9

Häufig sind in der Praxis die Fälle der nicht geschlechtsneutralen Stellenausschreibung. So wurde ein Zimmermädchen gesucht. Ein Mann bewarb sich und wurde abgelehnt. Er klagte sodann drei Bruttomonatsgehälter Entschädigung ein.

Und jetzt die entscheidende Frage: Was ist die männliche Bezeichnung für Zimmermädchen? Nein, nicht Zimmermann (das ist etwas ganz anderes), auch nicht Zimmermännchen. Laut der Richterin lautet sie Roomboy (und, sehen Sie auch rote Lichter?).

9.1.2.6 Einstellungsanspruch?

Verstöße gegen das Benachteiligungsverbot führen ausdrücklich **nicht** zu einem Einstellungsanspruch, § 15 Abs. 6 AGG.

9.2 Darf der Arbeitgeber nach der Schwerbehinderung fragen?

9.2.1 Bewerbungsverfahren

Mit der Einführung des SGB IX und des AGG hat der Gesetzgeber ein ausdrückliches Diskriminierungsverbot für behinderte und schwerbehinderte Menschen geschaffen.

Daraus folgt, dass die nicht tätigkeitsbezogene Frage nach einer Schwerbehinderung grundsätzlich unzulässig ist. Die anders lautende alte Rechtsprechung des BAG zu dieser Frage ist überholt.

Eine ohne sachlichen Grund gestellte Frage nach dem Bestehen einer Behinderung muss also nicht wahrheitsgemäß beantwortet werden („Recht zur Lüge"). Stellt der Arbeitgeber die Frage trotzdem und erhält eine unwahre Antwort, ist er nicht berechtigt, den Arbeitsvertrag anzufechten (§ 123 BGB).

Die Frage nach einer Behinderung ist **ausnahmsweise zulässig,** wenn eine bestimmte körperliche Funktion, eine bestimmte geistige Fähigkeit oder die seelische Gesundheit eine entscheidende Voraussetzung für den konkreten Arbeitsplatz ist.

Beispiel:

So dürfte nach dem tragischen Unglück vom März 2015, als der Copilot in einem psychotischen Schub sein Flugzeug bewusst zum Absturz gebracht hat, klar sein, dass man einen Piloten nach depressiven Störungen fragen darf.

9

Ist dies nicht der Fall, ist die Frage nach der Schwerbehinderung bzw. der Schwerbehinderteneigenschaft als unzulässig anzusehen, weil sie eine unmittelbare Diskriminierung darstellt (Diskriminierungsverbot des § 164 Abs. 2 SGB IX).[97]

Was gefragt werden darf, sind Einschränkungen und gesundheitliche Themen, die sich auf die konkret ausgeschrieben Stelle auswirken.

[97] vgl. ABC S. 308

9.2.2 Bestehendes Arbeitsverhältnis

Die Frage des Arbeitgebers oder der Arbeitgeberin nach einer Schwerbehinderung ist im bestehenden Arbeitsverhältnis – jedenfalls nach Ablauf von sechs Monaten – durch das Bundesarbeitsgericht[98] für zulässig erklärt worden.

Dies hat das Bundesarbeitsgericht insbesondere für den Fall einer bevorstehenden Kündigung entschieden. Wird die Frage des Arbeitgebers in dieser Situation nicht wahrheitsgemäß beantwortet, ist es dem Betroffenen unter dem Gesichtspunkt des widersprüchlichen Verhaltens verwehrt, sich auf seine Schwerbehinderteneigenschaft zu berufen.

Datenschutzrechtliche Belange stehen der Zulässigkeit der Frage nach einer Schwerbehinderung nach Auffassung des BAG nicht entgegen.

Praxis-Tipp:

Teilt man dem Arbeitgeber seine Schwerbehinderteneigenschaft mit – sei es nun freiwillig oder auf eine zulässige Frage hin – reicht es aus, dem Arbeitgeber zum Nachweis eine Kopie der Vorderseite des Schwerbehindertenausweises zu geben. Damit steht fest, dass man schwerbehindert ist (sonst gibt es keinen Ausweis) und man kann ersehen, ob die Feststellung befristet ist. Der GdB und etwaige Merkzeichen auf der Rückseite des Ausweises gehen den Arbeitgeber meist nichts an. Ebenso die festgestellten Einschränkungen, die sich aus dem Feststellungsbescheid ergeben.

9.3 Teilzeitanspruch

Neben den gesetzlichen Teilzeitansprüchen aus § 8 TzBfG und § 9a TzBfG (sog. Brückenteilzeit) stellt das SGB IX eine eigene Regelung zur Verfügung:

§ 164 Abs. 5 S. 3 SGB IX

„Schwerbehinderte Menschen haben einen Anspruch auf Teilzeitbeschäftigung, wenn die kürzere Arbeitszeit wegen Art oder Schwere der Behinderung notwendig ist; Absatz 4 Satz 3 gilt entsprechend."

---

98 BAG v. 06.02.2012 – Az. 6 AZR 553/10

§ 164 Abs. 4 S. 3 SGB IX

„Ein Anspruch nach Satz 1 besteht nicht, soweit seine Erfüllung für den Arbeitgeber nicht zumutbar oder mit unverhältnismäßigen Aufwendungen verbunden wäre oder soweit die staatlichen oder berufsgenossenschaftlichen Arbeitsschutzvorschriften oder beamtenrechtliche Vorschriften entgegenstehen."

Sofern also **aufgrund der Behinderung** eine Reduzierung auf Teilzeit erforderlich wird, hat der Schwerbehinderte/Gleichgestellte einen Anspruch auf eine entsprechende Teilzeitbeschäftigung, sofern dies dem Arbeitgeber zumutbar ist und nicht unverhältnismäßige Kosten verursacht.

Anders als bei § 8 TzBfG gibt es hier

- keine Wartezeit,
- keine Mindestanzahl beschäftigter Arbeitnehmer,
- keine Frist,
- keine Formvorschrift und
- auch kein vorgeschriebenes Verfahren.
- Es ist weder eine Vertragsänderung nötig,
- noch muss der Arbeitgeber zustimmen.

Sofern noch mindestens 18 Stunden pro Woche gearbeitet werden, erfolgt dennoch eine volle Anrechnung auf die Pflichtarbeitsplätze im Rahmen der Beschäftigungsquote/Ausgleichsabgabe.

Achtung: Problematisch kann es werden, wenn man – z. B. nach überstandener Krebsbehandlung – wieder zurück in Vollzeit möchte! Hier greift dann § 9 TzBfG, der allerdings keine wirkliche Hilfe ist.

Auch auf die extrem starre Regelung der Brückenteilzeit in § 9a TzBfG kann man sich eher nicht verlassen.

Sinnvoll wäre es daher, flexible Teilzeitlösungen in der Inklusionsvereinbarung (vgl. 5.4) zur Verfügung zu stellen.

9.4 Befreiung von Mehrarbeit

In der Praxis gerne missverstanden wird § 207 SGB IX:

§ 207 SGB IX

„Schwerbehinderte Menschen werden auf ihr Verlangen von Mehrarbeit freigestellt."

Die Vorschrift gilt für Schwerbehinderte und Gleichgestellte. Erforderlich ist allerdings ein **rechtzeitiges Verlangen** des Betroffenen.

Mehrarbeit im Sinne dieser Norm ist *jede Arbeit, die acht Stunden werktäglich* (vgl. § 3 Abs. 1 ArbZG) überschreitet. Die arbeitsvertraglich vereinbarte oder tarifliche Arbeitszeit ist dabei nach der Rechtsprechung des Bundesarbeitsgerichts unerheblich![99]

Beispiel:

Der schwerbehinderte Udo hat verlangt, von Mehrarbeit freigestellt zu werden. In seinem Arbeitsvertrag ist eine Beschäftigungszeit von sechs Stunden pro Tag vereinbart. Zudem ist Udo nach dem Vertrag verpflichtet, in zumutbarem Umfang Überstunden zu leisten.

Vergangenen Freitag weist der Vorgesetzte den Udo an, zur Fertigstellung eines Terminauftrags zwei Stunden länger zu bleiben.

Da die acht Stunden pro Tag nicht überschritten werden, wird Udo die zwei Überstunden trotz § 207 SGB IX ableisten müssen.

9 Zur Arbeitszeit gehört dabei auch der Bereitschaftsdienst, nicht aber die Rufbereitschaft, zumindest dann, wenn die Spanne zwischen „Ruf" und Arbeitsaufnahme mindestens 30 Minuten beträgt.[100]

Kommt der Arbeitgeber dem Freistellungswunsch nicht nach, kann die Arbeit von über acht Stunden verweigert werden.

Würde in dem obigen Beispiel der Vorgesetzte den Udo anweisen, drei Stunden länger zu bleiben, dürfte Udo also trotzdem nach acht Stunden gehen.

---

99 BAG v. 02.12.2002 – Az. 9 AZR 462/01; Feldes, § 207 RdNr. 3

100 Feldes, § 207 RdNr. 8

9.5 Zusatzurlaub

In der Praxis ausgesprochen beliebt, aber juristisch eigentlich nicht sonderlich schwierig ist der Zusatzurlaub für Schwerbehinderte.

Der Zusatzurlaub nach § 208 SGB IX gilt wegen § 151 Abs. 3 SGB IX ausdrücklich **nicht für Gleichgestellte.**

Schwerbehinderte haben **neben** dem gesetzlichen/tariflichen/arbeitsvertraglichen Urlaub einen Anspruch auf **zusätzlich** fünf Arbeitstage Erholungsurlaub (bezogen auf eine Fünf-Tage-Woche).

Beispiel:

Arbeitet ein schwerbehinderter Mensch nur an 1 Tag in der Woche, bekommt er auch nur 1 Tag Zusatzurlaub.

Arbeitet er 3 Tage, bekommt er 3 Tage Zusatzurlaub.

Arbeitet er an 6 Tagen, bekommt er 6 Tage Zusatzurlaub.

Besteht die Feststellung der Schwerbehinderung nicht für das ganze Jahr, bekommt der Schwerbehinderte für jeden vollen Monat der festgestellten Schwerbehinderung (auch bei rückwirkender Feststellung!) 1/12 des Jahresanspruchs. Ab 0,5 wird aufgerundet (§ 208 Abs. 2 SGB IX).

Im Übrigen gelten die gesetzlichen Regelungen des Bundesurlaubsgesetzes.

Sofern die Schwerbehinderung rückwirkend festgestellt wird, erfolgt eine Übertragung des Urlaubs maximal für das vorangegangene Jahr – also lediglich ein Jahr rückwirkend (vgl. § 208 Abs. 3 SGB IX). Strittig ist aber, ob dies sodann einschränkungslos oder nur im Rahmen der üblichen Verfallfristen des Bundesurlaubsgesetzes erfolgt.[101]

9.6 Besonderer Kündigungsschutz

Der besondere Kündigungsschutz für Schwerbehinderte/Gleichgestellte ist zwar auf Arbeitgeberseite gefürchtet, bedeutet jedoch nicht, dass der Betroffene nicht gekündigt werden könnte.

101 vgl. zum Streitstand: Dau, § 208 RdNr. 25 ff.

Die Folge des Kündigungsschutzes ist allein, dass die (vorherige) Zustimmung des Integrationsamtes zur Kündigung erforderlich ist, § 168 SGB IX (zum Zustimmungsverfahren vgl. 5.2.7.1). Fehlt die Zustimmung, ist die Kündigung allerdings unwirksam.

Zudem muss der Arbeitgeber auch Kenntnis von der Schwerbehinderung/Gleichstellung haben, ansonsten kann der Kündigungsschutz nicht greifen. Sofern der schwerbehinderte/gleichgestellte Mensch nicht bereits vor Zugang der Kündigung seine Schwerbehinderung/ Gleichstellung dem Arbeitgeber offenbart hat, muss er dies binnen 3 Wochen nach Zugang der Kündigung nachholen, um vom Kündigungsschutz noch zu profitieren – sofern die Schwerbehinderung nicht offensichtlich ist.[102]

Hinweis: Sinnvollerweise sollte binnen dieser 3-Wochen-Frist auch Kündigungsschutzklage vor dem Arbeitsgericht eingereicht werden, da die Kündigung ansonsten wirksam wird, vgl. § 4 KSchG.

Unabhängig von der Zustimmung des Integrationsamtes darf die Kündigungsfrist für schwerbehinderte Menschen 4 Wochen nicht unterschreiten, § 169 SGB IX. Diese Mindestkündigungsfrist betrifft allerdings nur Arbeitsverhältnisse, welche dem Sonderkündigungsschutz unterliegen[103] (vgl. §§ 168 ff. SGB IX).

Sofern eine der nachfolgend dargestellten Ausnahmen greift, gilt sie also nicht. Besondere praktische Bedeutung hat dies für die ersten 6 Monate des Arbeitsverhältnisses (Ausnahme nach § 173 Abs. 1 Nr. 1 SGB IX). Dieser Zeitraum deckt sich häufig mit der Probezeit des § 622 Abs. 3 BGB, in welchem meist eine Kündigungsfrist von 2 Wochen gilt. Diese wird von § 168 SGB IX somit nicht ausgehebelt.

9.6.1 Ausnahmen

Der Zustimmung des Integrationsamtes bedarf es nicht in den Fällen des § 173 SGB IX. Dies betrifft Schwerbehinderte/Gleichgestellte

- deren Arbeitsverhältnis im Zeitpunkt des Zugangs der Kündigung ohne Unterbrechung noch nicht länger als **sechs Monate** bestanden hat, § 173 Abs. 1 Nr. 1 SGB IX,
- deren Beschäftigung nicht in erster Linie ihrem Erwerb dient, sondern vorwiegend durch karitative oder religiöse Beweggrün-

[102] BAG v. 28.06.1993 – Az. 7 AZR 555/94; Dau, § 168 RdNr. 9

[103] Dau, § 169 RdNr. 3

de, zum Zwecke der Heilung, Wiedereingewöhnung, sittlichen Besserung oder Erziehung bestimmt wird, § 173 Abs. 1 Nr. 2 SGB IX,

- die das 58. Lebensjahr vollendet haben und Anspruch auf Leistungen aus einem Sozialplan haben, § 173 Abs. 1 Nr. 3a SGB IX,
- deren Entlassung aus Witterungsgründen erfolgt, wenn die Wiedereinstellung bei Wiederaufnahme der Arbeit gewährleistet ist, § 173 Abs. 2 SGB IX und
- in den Fällen des § 173 Abs. 3 SGB IX.

Hinweis zur Kündigung in den ersten 6 Monaten:

Der Europäische Gerichtshof (EuGH) hat in einer Entscheidung die kündigungsschutzrechtliche Unsicherheit während der ersten sechs Monate für schwerbehinderte Arbeitnehmer reduziert und deren Rechte gestärkt. Der EuGH entschied, dass die Kündigung von schwerbehinderten Menschen schon während der Probezeit nur unter bestimmten Voraussetzungen zulässig sei.[104]

Grundlage für die Entscheidung des EuGH war die Frage, ob die Herausnahme aus dem Kündigungsschutz während einer Probezeit mit den Vorgaben der Gleichbehandlungsrahmenrichtlinie 2000/78/EG vereinbar ist. Danach müssen „angemessene Vorkehrungen für Menschen mit Behinderung" getroffen werden.

Der EuGH entscheid, dass die Richtlinie auch Arbeitnehmer in der Probezeit erfasse und als „angemessene Vorkehrung" einem behinderten Arbeitnehmer zunächst statt einer Kündigung ein anderer Arbeitsplatz zuzuweisen sei, sofern dies den Arbeitgeber nicht unverhältnismäßig belaste.

Die Entscheidung basiert auf belgischem Recht. Allerdings gilt die RL 2000/78/EG auch für Deutschland. Für einen in Deutschland beschäftigten schwerbehinderten Arbeitnehmer gilt erst nach sechs Monaten ununterbrochener Betriebszugehörigkeit ein besonderer Kündigungsschutz, um Einstellungshemmnisse bei der Beschäftigung von schwerbehinderten Arbeitnehmern abzubauen. Auch der schwerbehinderte Mensch soll zunächst einmal „getestet" werden können. Ob und mit welchen Konsequenzen diese Entscheidung die deutschen Gerichte oder gar den Gesetzgeber beeinflussen

---

104 EuGH v. 10.02.2022 – Az. C-485/20

wird, sollte nun eigentlich geklärt sein, wenn man sich die aktuelle Rechtsprechung des BAG[105] ansieht.

Da eine Entscheidung des Arbeitsgerichts Köln und des LAG Köln zu diesem Thema recht breite Öffentlichkeit erfahren hat, soll dieses hier etwas genauer beleuchtet werden. Das LAG Köln hatte aufgrund einer EuGH-Entscheidung geurteilt, dass Arbeitgeber bereits innerhalb der sogenannten Wartezeit, in der ein schwerbehinderter Mensch noch keinen Kündigungsschutz genießt, ein Präventionsverfahren durchführen müssen.[106]

Das Bundearbeitsgericht hat in seinem aktuellen Urteil klargestellt, dass es an seiner bisherigen Rechtsprechung festhält. Für das BAG ergab die Auslegung der Vorschrift des § 167 Abs. 1 SGB IX, dass sie ausschließlich für Kündigungen im zeitlichen und sachlichen Anwendungsbereich des Kündigungsschutzgesetzes gilt.

Dies folgt schon aus dem Wortlaut der Vorschrift. Das Präventionsverfahren soll danach bei „Eintreten von personen-, verhaltens- oder betriebsbedingten Schwierigkeiten im Arbeits- oder sonstigen Beschäftigungsverhältnis" durchgeführt werden. Damit werde erkennbar an die Begrifflichkeiten des Kündigungsschutzgesetzes angeknüpft, nämlich an die in § 1 Abs. 2 KSchG verwendeten Begriffe „Gründe … in der Person", „Gründe … in dem Verhalten" und „dringende betriebliche Erfordernisse". Das Präventionsverfahren wegen der aufgetretenen Schwierigkeiten sei daher nur zu durchlaufen, wenn das Kündigungsschutzgesetz anwendbar ist und ein nach § 1 Abs. 2 Satz 1 KSchG geeigneter Grund erforderlich ist. Eine unionsrechtskonforme Auslegung hielt das BAG für nicht geboten. Denn dem Arbeitnehmer werde in der Wartezeit oder im Kleinbe-
9 trieb mit dem Präventionsverfahren keine angemessene Vorkehrung im Sinne von Art. 5 der EU-Richtlinie vorenthalten.

Fazit: Es bleibt also bei der bisherigen Rechtsprechung des BAG: Arbeitgeber sind nicht verpflichtet, vor einer ordentlichen Kündigung während der im Kündigungsschutzgesetz vorgesehenen sechsmonatigen Wartezeit ein Präventionsverfahren durchzuführen.

---

105 BAG v. 03.04.2025 – Az. 2 AZR 178/24

106 LAG Köln v. 12.09.2024 – Az. 6 SLa 76/24

9.6.2 Sonderfall § 173 Abs. 3 SGB IX

§ 173 Abs. 3 SGB IX bezweckt, Missbrauchsfälle bei der Antragstellung offensichtlich unbegründeter Anträge auf Anerkennung als schwerbehinderter Mensch zu bekämpfen.

Rückblick: Vor Einführung des § 173 Abs. 3 SGB IX konnten Arbeitnehmer, die von ihrer drohenden Kündigung – z. B. durch den Betriebs-/Personalrat – erfahren hatten, noch kurz vor Zugang der Kündigung einen – womöglich aussichtslosen – Antrag auf Feststellung der Schwerbehinderung stellen. Dies führte oft zu höheren Abfindungsvereinbarungen im Kündigungsschutzprozess, da die Arbeitgeber die Erfolgsaussichten ihrer Kündigung – und damit das Verzugslohnrisiko – kaum mehr beurteilen konnten.

9.6.2.1 Problemlose Fälle

Problemlos sind dabei folgende Fallvarianten:

- Der Sonderkündigungsschutz für schwerbehinderte Arbeitnehmer besteht, wenn die **Schwerbehinderteneigenschaft** im Zeitpunkt der Kündigung – durch den Feststellungs- oder Gleichstellungsbescheid – **nachgewiesen** ist.

  Dann ist die Zustimmung des Integrationsamtes für die Kündigung erforderlich; §§ 168, 173 Abs. 3 Alt. 1 SGB IX.

  Kennt der Arbeitgeber den Status des Schwerbehinderten/Gleichgestellten nicht, kann der Mitarbeiter die **Information innerhalb von drei Wochen ab Kündigungszugang nachholen**[107].
- Bei **Offenkundigkeit** der Schwerbehinderung (wie z. B. Blindheit, Querschnittlähmung) greift der Sonderkündigungsschutz auch ohne behördliche Feststellung der Schwerbehinderteneigenschaft.[108]

9

9.6.2.2 Laufendes Feststellungs- bzw. Gleichstellungsverfahren

Ist zum Zeitpunkt des Zugangs der Kündigung ein Antrag auf Feststellung der Schwerbehinderteneigenschaft bereits gestellt worden, der Feststellungsbescheid ergeht aber erst später, greift die zweite

[107] BAG v. 11.12.2008 – Az. 2 AZR 395/07; BAG v. 22.09.2016 – Az. 21 AZR 700/15
[108] BAG v. 28.06.1995 – Az. 7 AZR 555/94

Alternative in § 173 Abs. 3 SGB IX: Sonderkündigungsschutz besteht demnach nur, wenn nicht den Arbeitnehmer die Schuld trifft, dass noch keine Entscheidung des Versorgungsamtes vorlag.

Das bedeutet, dass der Antragsteller im Feststellungsverfahren ordnungsgemäß **mitwirken** muss (z. B. Ärzte von der Schweigepflicht entbinden oder angeforderte Atteste einreichen). Zudem muss nach herrschender Meinung der **Antrag** auf Feststellung der Schwerbehinderung **mindestens drei Wochen vor Zugang der Kündigung** gestellt sein.

Diese Mindestfrist von drei Wochen vor Zugang der Kündigung gilt auch für die Stellung eines Gleichstellungsantrags.

Praxis-Tipp:

Wer einen Antrag auf Anerkennung als Schwerbehinderter stellt, sollte gleichzeitig vorsorglich einen Gleichstellungsantrag bei der Bundesagentur für Arbeit stellen.

Dies zur Sicherheit, falls ein GdB von lediglich 30 oder 40 festgestellt wird. Der Antrag auf Anerkennung als Schwerbehinderter beinhaltet nicht den Gleichstellungsantrag. Denn hierfür ist nicht das Versorgungsamt, sondern ausschließlich die Bundesagentur für Arbeit zuständig. Diese darf die Gleichstellung nur rückwirkend bis zum Tag des Eingangs des Gleichstellungsantrages aussprechen.

9.6.2.3 Feststellung im Verlauf des Rechtsbehelfsverfahrens

Gar nicht so selten sind die Fälle, in denen das Versorgungsamt einen GdB von unter 50 festsetzt, dann aber im Widerspruchs- oder Klageverfahren die Schwerbehinderteneigenschaft doch rückwirkend zum Zeitpunkt der Antragstellung festgestellt wird.

Strittig war lange die Frage, was passiert, wenn der Arbeitgeber nach dem negativen Bescheid des Versorgungsamtes gekündigt hat.

Diesen Streit hat das Bundesarbeitsgericht[109] geklärt. Das Gericht bejaht auch hier den besonderen Kündigungsschutz, wenn der Antragsteller die verspätete Entscheidung nicht verschuldet hat.

---

[109] BAG v. 06.09.2007 – Az. 2 AZR 324/06

Ob der besondere Kündigungsschutz auch im Fall einer **rückwirkenden Anerkennung der Gleichstellung** aufgrund Widerspruch/Klage besteht, ist nicht geklärt. Die Bundesarbeitsgemeinschaft der Integrationsämter und Hauptfürsorgestellen (BIH) bejaht dies unter Hinweis auf das erwähnte BAG-Urteil.

9.6.3 Sonderfall § 175 SGB IX

Einen in der Praxis recht häufigen Sonderfall regelt zudem § 175 SGB IX:

§ 175 SGB IX

„Die Beendigung des Arbeitsverhältnisses eines schwerbehinderten Menschen bedarf auch dann der vorherigen Zustimmung des Integrationsamtes, wenn sie im Falle des Eintritts einer teilweisen Erwerbsminderung, der Erwerbsminderung auf Zeit, der Berufsunfähigkeit oder der Erwerbsunfähigkeit auf Zeit ohne Kündigung erfolgt. **Die Vorschriften dieses Kapitels über die Zustimmung zur ordentlichen Kündigung gelten entsprechend**."

Derartige Regelungen finden sich in einer Vielzahl von Tarifverträgen und oft auch in Arbeitsverträgen. Hier können Sie gelegentlich eingreifen. Wobei: Bei der unbefristeten Rente wegen (voller) Erwerbsunfähigkeit wird diese erst gewährt, wenn das Arbeitsverhältnis beendet ist. Dies gilt es, bei Ihrer Taktik zu bedenken.

9.6.4 Wann stimmt das Integrationsamt einer Kündigung zu?

9.6.4.1 Ermessen des Integrationsamts

Das Zustimmungsverfahren soll den Schwerbehinderten vor einer Kündigung schützen, wenn der Kündigungsgrund im Zusammenhang mit der Behinderung steht. Das Integrationsamt trifft die Entscheidung dabei grundsätzlich nach „pflichtgemäßem Ermessen".

Zu berücksichtigen sind dabei die Belange des schwerbehinderten Menschen an der Erhaltung seines Arbeitsplatzes einerseits, andererseits die Interessen des Arbeitgebers, die vorhandenen Arbeitsplätze wirtschaftlich zu nutzen und den Betrieb nach betriebswirtschaftlichen Gesichtspunkten zu führen. Dabei ist die jeweilige Zumutbarkeit gegeneinander abzuwägen.

Im Rahmen der Ermessensausübung zu berücksichtigen sind insbesondere folgende Aspekte:

- Der schwerbehinderte Arbeitnehmer soll gegenüber nicht behinderten Arbeitnehmern keine Benachteiligung erfahren. Zielsetzung ist insoweit der Ausgleich von Nachteilen, denen der schwerbehinderte Mensch auf dem allgemeinen Arbeitsmarkt ausgesetzt ist.
- Andererseits soll die Gestaltungsfreiheit des Arbeitgebers, welcher für die wirtschaftliche Existenz und Arbeitsweise des Betriebes verantwortlich ist, nicht zu stark eingeengt werden.
- Zu prüfen ist der eigentliche Kündigungsgrund. Je geringer der Zusammenhang zwischen Kündigungsgrund und Behinderung ist, desto weniger wird das Ermessen zugunsten des Betroffenen auszuüben sein.
- Weiterhin fließt die individuelle Situation des schwerbehinderten Menschen in das Ermessen ein, so z. B. Art/Schwere der Behinderung, Alter, persönliche Verhältnisse, Dauer der Betriebszugehörigkeit, Chancen auf dem allgemeinen Arbeitsmarkt, einen anderen Arbeitsplatz zu finden.
- Daneben schlagen zu Buche z. B. die Größe und wirtschaftliche Situation des Arbeitgebers, die Erfüllung der Beschäftigungspflicht (§ 154 SGB IX).
- Geprüft wird, inwieweit der Arbeitgeber seine Verpflichtungen im Rahmen des behindertengerechten Arbeitsplatzes (§ 164 Abs. 4 SGB IX) erfüllt hat.

Der Sonderkündigungsschutz bezweckt also keineswegs, den Betroffenen Unkündbarkeit zu verschaffen.

9.6.4.2 Zwingende Zustimmung

§ 172 Abs. 1 S. 1 SGB IX

„Das Integrationsamt erteilt die Zustimmung bei Kündigungen in Betrieben und Dienststellen, die nicht nur vorübergehend eingestellt oder aufgelöst werden, wenn zwischen dem Tag der Kündigung und dem Tag, bis zu dem Gehalt oder Lohn gezahlt wird, mindestens drei Monate liegen."

Bei endgültiger Schließung oder Stilllegung des Betriebs/der Dienststelle **muss** das Integrationsamt die Zustimmung zur Kündigung eines schwerbehinderten Menschen erteilen, wenn zwischen Ausspruch der Kündigung und Ende der Entgeltzahlung mindestens 3 Monate liegen.

Vereinfacht gesagt ist in derartigen Fällen also eine Kündigungsfrist von 3 Monaten einzuhalten.

9.6.4.3 Ermesseneinschränkungen

Die Zustimmung **soll** seitens des Integrationsamtes erteilt werden in folgenden Fällen:

- bei teilweiser Betriebseinschränkung, wenn die Beschäftigungspflicht (§ 154 SGB IX) weiter erfüllt bleibt, § 172 Abs. 1 SGB IX;
- wenn dem schwerbehinderten Menschen ein anderer angemessener und zumutbarer Arbeitsplatz gesichert ist, § 172 Abs. 2 SGB IX;
- wenn ein Insolvenzverfahren über das Vermögen des Arbeitgebers eröffnet ist und die weiteren Voraussetzungen des § 172 Abs. 3 SGB IX erfüllt sind.

10. Schlusswort und Literaturempfehlung

Das war er nun, unser kleiner Streifzug durch die Welt der Schwerbehindertenvertretung. Ich hoffe, ich konnte Ihnen mit diesem Buch zu einem guten Einstieg in Ihr Amt verhelfen. Und die ein oder andere Unklarheit beseitigen.

Sicherlich werden Sie – wenn Sie tiefer in die Materie einsteigen wollen oder müssen – auf weiterführende Literatur zurückgreifen müssen. Darauf hatte ich ja schon eingangs hingewiesen.

Doch das Wichtigste ist:

Gehen Sie mit Freude an Ihr Amt heran!

Denn nur wenn die Arbeit Spaß macht, kann man sie auch gut machen.

... und vergessen Sie nicht das Hausarzt-Prinzip!

In diesem Sinne
Herzlichst
Ihr Urs Peter Janetz

Danksagungen:

Nicht vergessen möchte ich an dieser Stelle, denen danke zu sagen, die mich bei diesem Buch unterstützt, gefördert und zu diesem Buch motiviert haben:

Danke Corona (ja, ich meine Covid-19), ohne Dich hätte ich wohl nicht die Zeit für die 1. Auflage dieses Buch gefunden.

Danke an meine Kursteilnehmer bei meinen SBV-Seminaren. Danke, dass ihr so auf mich eingeredet habt. Auch für die Beispiele, die ich durch und mit euch kennen lernen durfte.

Danke an meine Frau Gabriele, die mich bei diesem Werk unterstützt hat.

Danke an das Team vom Walhalla u. Praetoria Verlag, das mein Werk so unterstützt und meine grammatikalischen Unzulänglichkeiten so wunderbar ausmerzt.

Und vor allem: Danke an alle, die ich hier nicht genannt habe.

Ihr seid – wirklich und ausnahmslos alle – echt super!

Literaturverzeichnis

Im Buch zitiert:

Feldes/Helbig/Hüther/Krämer/Kuntz/ Mittel/Rehwald/Tatzky/Westermann, **Schwerbehindertenrecht**, Basiskommentar zum SGB IX mit Wahlordnung, 17. Auflage 2024

(zitiert: Feldes § ... RdNr. ...)

Dau/Düwell/Joussen, **Sozialgesetzbuch IX**, Rehabilitation und Teilhabe von Menschen mit Behinderungen, SGB IX – BTHG – SchwbVWO – BGG, Lehr- und Praxiskommentar, 7. Auflage 2025

(zitiert: Dau § ... RdNr. ...)

BIH Bundesarbeitsgemeinschaft der Integrationsämter und Hauptfürsorgestellen, **ABC Fachlexikon**, Beschäftigung schwerbehinderter Menschen, 6. Ausgabe 2018

(zitiert: ABC Seite ...)

Fitting/Auffahrt/Kaiser/Heither, **Betriebsverfassungsgesetz** mit Wahlordnung, Handkommentar, 33. Auflage 2026

(zitiert: Fitting § ... RdNr.. ...")

Ergänzende Literaturempfehlungen:

Henssler/Willemsen/Kalb, **Arbeitsrecht: Kommentar**, 11. Auflage 2024

Der Kommentar bietet eine Erläuterung des gesamten Arbeitsrechts einschließlich der einschlägigen Vorschriften aus dem Sozialversicherungs- und Steuerrecht; insgesamt werden fast 50 Gesetze – teils in Auszügen – kommentiert.

10

11. Abkürzungsverzeichnis

Abs.	Absatz
AGG	Allgemeines Gleichbehandlungsgesetz
ArbGG	Arbeitsgerichtsgesetz
ArbSchG	Arbeitsschutzgesetz
ArbStättV	Arbeitsstättenverordnung
ArbZG	Arbeitszeitgesetz
Art.	Artikel
ASiG	Arbeitssicherheitsgesetz
BAG	Bundesarbeitsgericht (Erfurt)
BBiG	Berufsbildungsgesetz
BDSG	Bundesdatenschutzgesetz
BEM	Betriebliches Eingliederungsmanagement (vgl. § 167 Abs. 2 SGB IX)
BetrVG	Betriebsverfassungsgesetz
BGB	Bürgerliches Gesetzbuch
BGN	Berufsgenossenschaft
BIH	Bundesarbeitsgemeinschaft der Integrationsämter und Hauptfürsorgestellen
BPersVG	Bundespersonalvertretungsgesetz
BSG	Bundessozialgericht (Kassel)
DRV	Deutsche Rentenversicherung
DSGVO	Europäische Datenschutzgrundverordnung
etc.	et cetera = und so weiter
EUTB	Ergänzende unabhängige Teilhabeberatung
ff.	fort folgende
GdB	Grad der Behinderung
GKG	Gerichtskostengesetz
h. M.	herrschende Meinung (in der juristischen Literatur und Rechtsprechung)
i. R. d.	im Rahmen des
i. R. v.	im Rahmen von
i. S. d.	im Sinne des
i. S. v.	im Sinne von
IFD	Integrationsfachdienst
KfZHV	Kraftfahrzeug-Hilfeverordnung
KSchG	Kündigungsschutzgesetz
LAG	Landesarbeitsgericht
LSG	Landessozialgericht

lit.	littera (= Buchstabe innerhalb einer Vorschrift)
MD	Medizinscher Dienst
MdE	Minderung der Erwerbsfähigkeit
m. w. N.	mit weiteren Nachweisen
Nr.	Nummer
ÖPNV	Öffentlicher Personennahverkehr
OWiG	Ordnungswidrigkeitengesetz
PAP	Pflichtarbeitsplätze
RdNr.	Randnummer
Reha	Rehabilitation
S.	Satz
SBV	Schwerbehindertenvertretung
SchwbAV	Schwerbehinderten-Ausgleichsabgabe-Verordnung
SchwbVWO	Wahlordnung Schwerbehindertenvertretungen
SGB	Sozialgesetzbuch
SGB I	Sozialgesetzbuch 1. Buch (Allgemeiner Teil)
SGB V	Sozialgesetzbuch 5. Buch (Gesetzliche Krankenversicherung)
SGB VI	Sozialgesetzbuch 6. Buch (Gesetzliche Rentenversicherung)
SGB VII	Sozialgesetzbuch 7. Buch (Gesetzliche Unfallversicherung)
SGB IX	Sozialgesetzbuch 9. Buch (Rehabilitation und Teilhabe von Menschen mit Behinderungen)
SGB X	Sozialgesetzbuch 10. Buch (Sozialverwaltungsverfahren und Sozialdatenschutz)
SGG	Sozialgerichtsgesetz
TzBfG	Teilzeit- und Befristungsgesetz
usw.	und so weiter
VersMedV	Versorgungsmedizin-Verordnung
ZPO	Zivilprozessordnung

Stichwortverzeichnis